李 季 吕广健 肖健美 / 著

成长配方

小体验大素养主题活动

高中版

SPM 南方出版传媒

全国优秀出版社 全国百佳图书出版单位 广东教育出版社

·广州·

图书在版编目（CIP）数据

成长配方：小体验大素养主题活动：高中版 / 李季，
吕广健，肖健美著 . — 广州：广东教育出版社，2022.1
（积极共育丛书）
ISBN 978-7-5548-4701-5

Ⅰ. ①成… Ⅱ. ①李… ②吕… ③肖… Ⅲ. ①高
中—班主任工作—文集 Ⅳ. ①G451.6-53

中国版本图书馆CIP数据核字（2022）第003743号

出 版 人：朱文清
策划编辑：张翠君
责任编辑：杨龙文 巢 琳
责任校对：谭 曦
责任技编：佟长缨
装帧设计：苏永基

CHENGZHANG PEIFANG——XIAOTIYAN DASUYANG ZHUTI HUODONG：GAOZHONGBAN

成长配方——小体验大素养主题活动：高中版

广东教育出版社出版发行
（广州市环市东路472号12-15楼）
邮政编码：510075
网址：http://www.gjs.cn
广东新华发行集团股份有限公司经销
佛山市浩文彩色印刷有限公司印刷
（佛山市南海区狮山科技工业园A区）
787毫米×1092毫米 16开本 15.25印张 320 000字
2022年1月第1版 2022年1月第1次印刷
ISBN 978-7-5548-4701-5
定价：45.00元

质量监督电话：020-87613102 邮箱：gjs-quality@nfcb.com.cn
购书咨询电话：020-87615809

目录

下编　素养生成指导

第七章　人文底蕴积淀

积极共育导论

学生核心素养发展是各种影响因素整合作用的结果。基于学生身心发展特点和规律，科学、有序地组合各种影响因素，促进学生素质最优发展，是我们倡导的"成长配方"。任何年龄段的核心素养发展都有与之相应的配方，而积极共育是组织配方的关键。

一、积极共育：家庭教育创新的发展之路

从"家校合作"走向"积极共育"是学校家庭教育的发展取向。[①]

"注重家庭，注重家教，注重家风"，是新时代家庭、学校、社会的共同关注点。

"孩子未来需要具备哪些社会适应能力？""给孩子报什么补习辅导班？""如何与孩子有效沟通？"这些都是当下家长最为焦虑的问题。

这些趋势、热点和问题，聚焦的是新时代家庭教育创新发展的生长点，呈现的是正在走向协同共育、以追求幸福美好生活为目标取向的家庭教育生态。

（一）"教""育"相生，共育未来

我们把"教子有方"理解为中国式家庭教育的智慧、艺术和修为。它通常呈现为一种有效的亲子教育方式，一种成功的家庭教育方法，一种经验化的家庭教养模式，一套系统的家庭教育课程等。

几千年来，我国积淀和传承下来的优秀家教经验不胜枚举，如"孟母三迁""岳母刺字"等。传世家风、家训、家书经典数不胜数，如诸葛亮的《诫子书》、颜之推的《颜氏家训》、司马光的《家范》、范仲淹的《家训百字铭》、朱柏庐的《朱子家训》、李毓秀的《弟子规》等。曾国藩、李鸿章、梁启超、傅雷等的家训、家书更是脍炙人口。这些都是中国家庭教育的传世瑰宝。然而，聚焦"诫""训""范""铭""规"等汉字，我们会明显感受到中国传统家教、家训、家风带有封建社会时代的烙印和硬性的教与训。

---

① 李季.第四教育力营造与第一影响源重构：论家校合作共同体建立与协同育人模式构建［J］.中小学德育，2018（01）：11-15.

现代教育，更注重"教育"和"教导"。教育——教而育，体现养育、养成的教育影响过程；教导——教而导，体现引导、指导的导向成长过程。一个人品行和素质的生成过程是由"外塑"到"内生"的自我构建过程，以及由"内生"到"外化"的知而行的自主修为过程。教育过程和教育要素融合促进人的发展。[①]学生核心素养生成和发展，需经历"教育影响—心灵唤醒—价值引导—自我建构—自主发展"进程。

在学校教育、家庭教育中，这一经由教养到素养转化的过程可以通过课程教学、主题活动、互动研讨、对话交流等方式独立进行，也可以通过体系课程、序列教学、系统培育、整体构建等形式实施。真正的教育，无论是社会教育、学校教育还是家庭教育，都是"教"与"育"相互融合的育人生态，"家"与"校"有效合作的协同生态，家校社共同体共育未来的发展生态。[②]

（二）成长导向，素养生成

从家校合作到家校共育是新时代家庭教育的发展方向。积极共育是一种主动、自觉的协同共育理念和发展模式，指家庭与学校、家庭教育与学校教育、家长与教师（尤其是家长与班主任）双方在立德树人的共同目标下，真诚合作、主动作为，指导、促进中小学生健康成长。

家校共育指导是现代家庭教育发展的需要、内涵的拓展和必然的走向。在家校共育指导部分，针对当前学校、家庭教育中普遍存在的"家庭教育义工化、学校化""家校合作形式化、表层化"以及"问题式家庭教育"等现象，我们旗帜鲜明地倡导积极共育、协同育人，提出"成长导向"的现代学校家庭教育发展方向和指导目标。

具有发展性导向特质的家庭教育模式称为"成长导向式家教"，是针对当下普遍存在的"问题导向式家教"提出来的，成长导向强调学校指导家长对孩子进行发展性引导，以促进孩子养成成长性思维，生成自主自觉成长的意识行为。"成长配方——小体验大素养主题活动"系列图书，着重探讨中小学家校共育指导原理和技术、基本模式与主要活动，为家校积极共育提供理论指引和操作方法；积极探索成

① 李季. 价值观导向：未成年人思想道德建设永不落幕的主题 [J]. 课程教学研究，2018（12）：11-17.

② 李季. 绿色生态发展：破解德育低效难题之路 [J]. 中国德育，2017（10）：7-8.

长导向式家教的指导理念和方式，目的是把消极被动的家庭教育指导方式转变为积极主动的家庭教育指导方式，把孩子被成长的方式转变为自主自觉的成长方式。

（三）成长导师，协同育人

中小学教育的根本任务是立德树人，实施学生发展核心素养培育，发展素质教育，促进学生德、智、体、美、劳全面发展，这是学校教育和家庭教育的共同目标。学校德育和班主任工作是落实立德树人根本任务的基本途径，班主任是家校共育的主要力量，学校德育和班级的主题教育活动是实施家校共育的有效载体。成长导向式的班主任工作、学校德育、家庭教育、家校共育，需要成长主体真实的体验感悟，需要指导者进行有效的走心引领。基于从家庭教育到家校共育、从班主任到家教指导者、从小体验到大素养这一构想，我们在指导一线学校和名班主任工作室的广泛实践基础上，编写了"成长配方——小体验大素养主题活动"系列图书。寻找最科学、有效的方式，以学生和家长最喜欢的形式进行学校家庭教育指导，促进亲子共同成长，这是近年来我们一直积极探索的学校德育、班主任工作和班级家校积极共育模式。其中，主题性活动体验、走心生成、生态养成是促进学生核心素养发展的行之有效的实践模式。

基于体验学习的走心式主题活动为探索新时代中小学家校合作和家校共育新理念、新模式而设计，活动平台和主体虽然同样以"班级"和"班主任"为主，但主题活动对象已经从"学生"拓展为"亲子"，目的也从促进"学生成长"扩展为指导"家长和学生共同成长"。因此，我们提出 "家校共育"理论和倡导"成长导向式"家校共育模式，以构建新时代家校共育新体系、新样态。

"成长配方——小体验大素养主题活动"系列图书根据中小学家校教育工作者尤其是班主任有提升家校教育理论素养、能力、技术的实践需求，基于中小学是家校积极共育的主要组织指导者、班主任和家委会是基本指导队伍的设想而编写，适合作为学校家庭教育指导、家校共育指导以及家长学校、班主任专业培训方面的教材。

二、主题活动：素养体验生成的走心之路

（一）主题活动，课程育人

课程是中小学生素养自主生成的有效载体，是家校积极共育的重要途径，其

中，开展适合中小学生年龄心理特点的主题活动，更是中小学落实立德树人根本任务的重要措施。

主题活动是学校和班主任、少先队和共青团、班委会和家委会、学生社团等更科学、专业地设计，更规范、有效地组织实施学校、班级、团队活动和家校合作共育活动等的主要形式。其中，班级主题活动更是学校和家庭教育中不可或缺的内容。

班级主题活动是在班主任的指导下，由学生有目的、有计划地为实现班级教育和发展的目标而组织和开展的各种教育教学、学习交流、社会实践、文化生活等活动课程。班级主题活动是班主任工作的常规内容，是班级教育和班集体活动的核心内容。班级主题活动可以广泛运用于以班级名义开展的所有班级教育活动，如主题班会课、班集体教育活动、心理健康教育课、班级团队会、班级家长会等。

主题是班级主题活动的灵魂，它的意义在于价值引领。体验学习是班级主题活动的核心；体验、感悟、明理、导行是班级主题活动的心理历程和形成学生素养生成机制的重要环节。以体验式学习原理和技术为依据的走心式主题活动课程，具有促进学生素养体验生成的育人魅力。

班级主题活动的主要目的是班级育人和促进班集体建设。班集体是班级的核心，班集体是班级学习共同体、生活共同体、成长共同体、心理共同体，班级主题活动是到达班集体理想彼岸的风帆。让更多的教育者关注和重视通过班级主题活动课程来促进班级发展、班集体建设和班级育人，是我们的愿望。

（二）原理指导，素养生成

针对主题活动形式的表层化现状，强化核心素养深层引领是班级活动创新教育发展的需要。了解和学习走心式主题活动课程的育人原理能够增强班主任的专业理论素养。当下，在学校德育和班主任及团队工作指导中，主导的是"实用培训"和"有用经验"，而科学性、规范性、专业性理论和原理尚未发挥出真正的导向作用。目前，很多教育者在走上工作岗位前缺乏德育和班主任工作方面的"源头性理论"，处于"先天不足"状态。因此，这些教育工作者只能靠经验（包括听来的、读来的经验）来指导实践。

人们普遍相信"理论是灰色的"，因此，对德育和班主任工作，尤其是主题活动课程的理论和原理常常一知半解或敬而远之。经验具有实效性、可操作性、可迁移性和可复制性等特点，确实是班主任工作的好帮手，然而，经验毕竟是"昨天的故事"，未必能登上"今天的客轮"。我们坚信，理论和原理是真理和规律的使者，拥有它们才能与时俱进、融会贯通。理论和原理是好东西，拥有未必成为巨匠，没有则永远是个学徒；拥有未必就会大气，没有则肯定缺少底气。理论和原理的意义和价值在于一通百通！愿我们做一个有思想、懂原理、有理论的教育者，让理论之树常青！①

德育和班主任工作需要科学理论和原理指导，主题活动课程建设更需要专业理论原理和操作技术的指导。因此，我们设计和提出了"小体验大素养主题活动"的共育原理导图：成长导向——核心素养理论、发展要素——学龄特点原理、内生外化——素养生成原理、心路历程——走心德育原理、体验学习——感悟成长原理、践行养成——积极共育原理。以共育原理导图的6个主要内容为框架构建形成一个相辅相成和融通共生的生态原理体系，作为从体验到素养发展的走心式主题活动指导的逻辑思路、指导理念和理论依据。

"成长配方——小体验大素养主题活动"，根据中国学生发展的六大核心素养的目标内容，整合横向层面核心素养发展的18项具体目标和纵向层面小学、初中、高中3个学段的不同目标要求进行全面性与发展性交汇设计，构建"小体验大素养主题活动促进学生发展核心素养生成体系"，进而构建小体验大素养主题活动实施指引系统，内容包括"设计思路""实施策略"和"带领技巧"3个相互联通的实施操作体系。这三个体系建立的目的，是满足不同年龄段学生身心发展特点和不同类型班集体教育的需要，从目标取向、内容主题、操作技术三个层面指导活动实施者更有针对性和专业性地组织实施"小体验大素养"班级主题活动，以更加科学、有效的方式促进学生核心素养的生成和发展。

（三）创新发展，心路历程

创新发展是主题活动的生命力。当下，如何使学校家庭教育从高科技、信息化时代的新技术、新形式如"抖音""STEAM"等中汲取新的生长素，是一个需要探索的课题。下面以STEAM课程为例。STEAM教育就是融合科学（Science）、

① 李季. 理论是银灰色的：兼谈立德树人的实践指导理论［J］. 福建德育，2019（04）：1.

技术（Technology）、工程（Engineering）、艺术（Art）、数学（Mathematics）的多学科综合教育。如果从学生核心素养生成和发展的角度寻找更完整、真实的综合性主题活动教育模式，把语言（Language）和思维（Thinking）融合其中，形成STEAMLT主题活动教育，是否会更具现实生活意义和实践应用价值呢？能否把听、说、读、写、思等基础性人文素养融入综合性科学素养之中，实现科学和人文素养的互相促进、和融共生？

探索从活动体验到素养生成的走心育人历程，创新班集体教育活动模式，推动班主任工作向科学化、规范化、专业化发展是本书的撰写初衷。其中，班级主题活动是基本形式和载体，学生素养发展是活动目的，体验感悟是素养生成核心环节，走心是素养生成心路历程。在学校德育、班级管理和班级教育活动实践中，从体验到素养生成的走心之路，从小体验活动"走心思路"到大素养生成"心路历程"，充分体现了学校德育和班主任工作从表面化、表层化、碎片化、形式化、无序化走向科学化、规范化、内涵化、生态化的专业发展和实践模式的创新取向。

"小体验大素养主题活动"为探索新时代中小学生品德形成和发展特点与规律而设计，与我们倡导的"小活动大德育"主题活动模式相比，活动实施和教育影响过程同样是"活动体验感悟—品德内生外化"，但活动形式已经从"一般性主题班会课"拓展为"走心式主题活动"，活动过程也从"德育过程"扩展为让品德发展经历品德形成的知、情、意、行的"走心德育历程"，以增强德育和家校共育的实践操作性和实效性。

三、积极共育：素养共生发展的践行之路

（一）积极共育的思路与心路

学生核心素养发展培育是学校教育的使命，学校教育的根本任务是立德树人，促进学生素质的全面、协同、自主发展，家校协同、积极共育能有效地达成这一目标。充分发挥家校共育功能，首先需要构建一个"积极共育原理技术共生结构系统"，包括整体原理建构和具体实施计划，这样才能形成小体验大素养的素养生成和发展体系。

据此，我们设计了"上编"和"下编"，分别对应整体原理建构和具体实施计划。

上编"共育原理导图"，着眼于寻找从体验学习到素养生成的家校积极共育的"思路·心路"——从主题活动到体验感悟的育人思路、从心理体验到素养生成的心路历程、从家校合作到积极共育的创新之路。上编整体原理建构按"三部曲"步骤设计。

第一步，提出需要回答的问题。首先提出从目标设计到素养生成的系统构建的整体思路，然后提出6个关键性问题。

①家校共育的目标指向与理论依据是什么？

②学生核心素养发展需要遵循什么规律？

③学生核心素养生成和发展需要什么内在机制？

④从目标导向到素质转化需要什么指导策略？

⑤促进学生素养生成最有效的途径是什么？

⑥家校共育实践中学生素养生成和发展从技术层面如何操作？

第二步，围绕上述问题，进行共育原理导向内容的整体规划设计。

①明确学生核心素养发展与导向目标。

②遵循素质发展教育影响与学龄特点规律。

③构建素养生成的内生外化素质转化机制。

④探索引导素养生成与发展的走心德育途径。

⑤寻找促进素养生成的体验感悟学习方式。

⑥实施家校积极共育的素养生成操作策略。

在此基础上，构成上编"共育原理导图"六章整体原理内容体系。

第一章为"成长导向——核心素养理论"，以学生发展核心素养为目标，以成长导向为理论指引。

第二章为"发展要素——学龄特点原理"，分析素质形成与发展的教育影响和学龄特点与规律，构建最有效的素养发展模式。

第三章为"内生外化——素养生成原理"，以素质内生外化原理为依据，探索核心素养的生成机制。

第四章为"心路历程——走心德育原理"，以走心式主题活动为途径，探索活动过程素养形成的心路历程。

第五章为"体验学习——感悟成长原理"，以体验性学习为途径，通过活动体验感悟明理发展的核心素养。

第六章为"践行养成——积极共育原理"，开展家校共育行动，着力提升班主任的家校协同与科学指导能力。

第三步，根据"共育原理导图"的逻辑思路，形成家校积极共育、协同共生的素养生成一体化生态实施系统。

①学校教育的目的，是引导学生全面发展和健康成长，本质是促进学生核心素养发展。育人目的的实现基于三大通道——教育影响的外塑之路、素养生成的内生之路、素养培育的共育之路。

②学生核心素养的发展，是家庭、学校教育共同影响的结果，学龄特点是教育过程中不可或缺的影响要素——外塑之路。

③学生核心素养的生成，从形成机制上说，是一个内生外化的过程——内生之路的内生机制。

④学生核心素养生成和发展的过程，从立德树人意义上说，是引导素养经历知情意行的心路历程——内生之路的内生过程。

⑤学生核心素养生成和发展的实质，是素质的自我构建和自主发展，体验学习是实现方式——内生之路的内生形式。

⑥学生核心素养生成和发展，是教育影响和自我构建的结晶，更是家长、老师、学生素养共生发展的融合，家校积极共育是达成这一融合目标的实践行动——共育之路。

共育原理导图逻辑体系，展示了学生素养发展从目标导向到内化生成的线路图；通过对接性实施行动，我们可以预见核心素养发展培育与共育共生的美好愿景的达成。

（二）实施指导的程式与方法

下编"素养生成指导"，着力探索小体验大素养主题活动设计实施的"程式·方法"——寻找从活动设计到体验感悟的源头点，从心理体验到素养生成的生长点，从小体验到大素养发展的共育点。

下编具体实施计划主要回答两个问题：一是家校共育需要培育发展学生哪些核心素养；二是通过什么具体形式、内容、方法来有效实施培育计划。据此，我们根据中国学生发展核心素养指引，构建形成小学、初中、高中"小体验大素养主题活动"体系；依据六大原理和基于我们多年实践探索形成的走心德育理论，为各学段设计了体现6方面18项核心素养内涵的36个走心式班级主题活动（每1项核心素养有2个主题活动），全学段共108个主题活动，目的是为中小学班主任开展班级和家校共育活动提供理论和实践操作指导。

第七章为"人文底蕴积淀"，通过主题活动增强家长和学生的人文积淀、人文情怀和审美情趣。

第八章为"科学精神形成"，通过主题活动夯实家长和学生的理性思维、批判质疑和勇于探究的科学精神。

第九章为"学会学习自构"，通过主题活动锻造家长和学生的乐学善学、勤于反思的品质和增强信息意识。

第十章为"健康生活养成"，通过主题活动指导家长和学生学会珍爱生命、自我管理，形成健全人格。

第十一章为"责任担当感悟"，通过主题活动提升家长和学生的社会责任、国家认同和国际理解意识。

第十二章为"实践创新体验"，通过主题活动培养家长和学生的劳动意识，提高他们解决问题的能力和技术运用于实践的能力。

（三）素养生成的理论与实践

"小体验大素养"家校共育主题活动，分上、下两编，以走心导向和体验生成为基本原则，构成一个从理论指引到素养生成的理论结合实际的实践指导体系。六大指导原理与6方面18项核心素养内涵的36个走心式班级主题活动不是一对一的指导关系，而是整体的、融通的综合性指导关系。因此，需要实施者在学习、认识、掌握原理的基础上，运用原理探索活动实施过程中中小学生品德生成、素养生成与发展的心路历程，以增强立德树人的实际效果。

素养生成指导实施以技术性实践操作为主线，以走心式主题活动为基本载体。走心式主题活动依据立德树人的目的和意义，结合主题班会、心理健康教育、团队活动等形式，并赋予专业特质和关注点，如主题班会的"价值导向"，心理健康教育的"助人自助"，团队活动的"团队仪式"，使其具备各自的活动教育特色和功能作用。

因此，"成长配方——小体验大素养主题活动"系列，适用于小学、初中、高中（包括中职、中专、中技）学校各种各样的教育活动，包括校内外教育活动、户内外教育活动、课内外教育活动、家校共育活动等，可以作为学校各种类型教育活动和学校各年级班级教育活动的课程教材，亦可作为班主任专业能力大赛、心理健康教育技能比赛、班队（团）会活动比赛、综合社会实践活动课及学科教学活动专业技能比赛的参考书。

"成长配方——小体验大素养主题活动"系列的编写团队成员，均是高校和一线相关专业课程、实践研究的教学者与指导者，有着深厚的专业功底，力图从根本上保障本活动课程设计的科学性、专业性和规范性。主题活动实施内容大多是中小学一线心理教师教学实践活动案例精选，具有针对性、实效性和指导性。

活动体验、走心德育、素养生成，是教育者致力寻找的立德树人之路，是学校德育和班主任工作的"诗与远方"。

「上编」 共育原理导图

第一章 成长导向

——核心素养理论

教育以人为本，发展学生的核心素养是教育的目的，立德树人是教育的根本任务。学校教育教学活动的聚焦点是学生核心素养的培育。这不仅是学校教育的目标，也是学生自我成长的需求，更是家校共育的使命。学生核心素养的生成需要正确、积极、科学的引导，这样才能健康、自主、有效地发展，这是一种成长型导向教育。成长型导向是"小体验大素养"主题活动设计与实施的指导原理和目标方向。

学校教育的目的，是促进人的全面发展和健康成长，本质是促进学生核心素养的发展。这一目的的实现主要有三大通道——教育影响的外塑之路，素养生成的内生之路，素养培育的共育之路。

情景案例

广东第二师范学院李季教授与名班主任学员的对话

情景一　与广东省名班主任华师附中陈妤的对话

陈妤：李老师，怎样创设适合优秀学生成长的班级管理方式？

李季：您平时是怎样指导和帮助学生成长的？

陈妤：搭建成长脚手架，为学生成长铺垫基础。

李季：优秀学生"不待扬鞭自奋蹄"，具有学习自觉性，自悟能力较强，但"响鼓还得重锤敲"，"学习支架""成长脚手架"提供了学习和成长的"杠杆点"，优秀的学生由此自主成长。因此，成长脚手架，可以称为"支点式成长教育"。

情景二　与广东省名班主任肇庆中学刘彩华的对话

刘彩华：李教授，我在探索"自悟式"班级管理，但总觉得效果不是很理想，是什么原因？

李季："自悟"是高中生自我成长的一种方式，但它没有表达出学生通过自悟而自我构建的"自成长式"生态成长之路。

刘彩华：自成长的主要内涵是什么？

李季：学生的"自成长"是一个"自悟—自构—自觉"的过程，它是一个完整的成长的生态系统，而不仅仅是一种成长环节。

刘彩华：明白了，我应该探索的是从"自悟"到"自觉"的自成长式班级管理。

微言感悟 ◇◆◇◆◇◆◇◆◇◆◇◆◇◆◇◆◇◆◇◆◇◆◇◆◇◆◇◆◇◆◇◆◇◆◇

　　成长需要设计和规划指引，但没有固定程式。班主任是学生成长的引路人，是家庭教育的指导者，对"优等生"及其父母提供唤醒生命自觉的指导，帮助他们提高心理弹性，指导帮助他们提高克服"草莓心态"（表面光鲜，内心软弱）和"玻璃人格"（容易破碎）的能力，促进他们健康地成长，这是成长导师的使命，是家校共育指导者的职责。

◇◆

一、发展为核心素养培育目标

　　人的发展是社会发展的核心，而学生核心素养的发展则是人的发展的根基。家庭教育、学校教育、社会教育是教育的三大支柱。其中，学校教育是直接性的、经常性的教育活动，学校教育以促进学生发展为本。学生发展的实质是核心素养的培育、生成与发展。

　　2016年，《中国学生发展核心素养》正式发布，它提出的核心素养是一个有着"三个方面、六个要素"的复合性整体。[①]

　　《中国学生发展核心素养》以培养"全面发展的人"为核心，分为文化基础、自主发展、社会参与三个方面，综合表现为人文底蕴、科学精神、学会学习、健康生活、责任担当、实践创新六大核心素养，具体细化为国家认同等十八个基本要点。各素养之间相互联系、相互补充、相互促进，在不同情境中发挥整体作用。

　　这一总体框架经教育部基础教育课程教材专家工作委员会审议，最终形成研究成果，确立了中国学生发展的六大核心素养。

　　1. 人文底蕴

　　主要是学生在学习、理解、运用人文领域知识和技能等方面所形成的基本能力、情感态度和价值取向。具体包括人文积淀、人文情怀和审美情趣等基本要点。

---

　　① 潘小明，黄敏. 核心素养概念的再理解：多元与融通［J］. 教育与教学研究，2019（08）：13-23.

2. 科学精神

主要是学生在学习、理解、运用科学知识和技能等方面所形成的价值标准、思维方式和行为表现。具体包括理性思维、批判质疑、勇于探究等基本要点。

3. 学会学习

主要是学生在学习意识形成、学习方式方法选择、学习进程评估调控等方面的综合表现。具体包括乐学善学、勤于反思、信息意识等基本要点。

4. 健康生活

主要是学生在认识自我、发展身心、规划人生等方面的综合表现。具体包括珍爱生命、健全人格、自我管理等基本要点。

5. 责任担当

主要是学生在处理与社会、国家、国际等关系方面所形成的情感态度、价值取向和行为方式。具体包括社会责任、国家认同、国际理解等基本要点。

6. 实践创新

主要是学生在日常活动、问题解决、适应挑战等方面所形成的实践能力、创新意识和行为表现。具体包括劳动意识、问题解决、技术应用等基本要点。

人是自然人、社会人、主体人的生命结合体和生态发展体，具有三大本质特征：一是作为物质生命体的物理-生理性；二是作为社会活动体的群体-伦理性；三是作为自主意识体的主体-心理性。基于人的本质属性和人格特质，从"关键能力"的核心素养意义上说，学校教育应构建"生命活力、智能学力、社会群力、心理念力"四维人格核心素质目标体系。[1]

物质生命体的物理-生理性特质发展要求关注体质健美、生长健旺、生活健康，注重运动与作息、营养与卫生、安全与保健；社会活动体的群体-伦理性特质发展要求进行人文情怀、科学思维、群体智慧等关键素养的培育；自主意识体的主体-心理性特质发展要求关注学生心灵的"自成长"，需要进行体验感悟、走心导心的成长导向和课程引领。

学生阶段的核心素养是人的核心素质发展和完善的基础阶段，具有厚实根基和可持续发展的生态意义。我们认为，体验学习是学生核心素养的生长点，活动

① 李季. 论从人本属性到人格特质的学生发展核心素质培育［J］. 少男少女，2017（06）：77-81.

体验是学生发展核心素养的重要载体和有效形式。因此，建立体验式教学、德育和班级活动模式体系，构建以"生命活力、智能学力、社会群力、心理念力"为核心而展开的学生发展四维人格核心素质培育生态目标体系，是实施和实现中国学生发展核心素养培育目标的重要内容。

二、成长型导向素养转化策略

立德树人的关键是促进学生素养的自我发展。学生成长不是"被成长"而是"自成长"。因此，我们认为，学校教育和家庭教育的真正意义，是促进学生从"被成长"到"自成长"的自主转化，是引导学生核心素养的自我生成。

根据我们在指导名班主任工作室主持人实践探索中的体会，我们认为实现学生"成长自主转化"和"素养自我生成"策略的关键有三大要素：其一，指导家长形成发展型导向的家庭教养方式；其二，成为教练型的成长赋能者；其三，寻找有效素养生成指导法。

（一）指导家长形成发展型导向的家庭教养方式

发展型导向的家庭教养方式就是基于"努力比天赋更重要"的发展型思维培育原理。让学生相信能力是可以靠后天努力而取得的，鼓励学生积极评估及发展自己的潜能，形成成长型心态；让学生相信努力就有最大的成功可能。

无论是人的先天优势还是人的后天能力开发，都服从于"经常使用则不断发展，弃之不用则停滞不前"的原理，所以坚定信念、积极主动、不懈努力，才是梦想成真的方式。

（二）成为教练型的成长赋能者

我们根据马丁·塞利格曼提出的 "发挥人类正向潜能的积极心理学"和乔·欧文提出的 "通过努力、学习与专心致志培育人的智慧等素养的成长型思维"，以及梁慧勤提出的 "通过改善学习者心智模式来发挥其潜能的教练技术"等原理和技术，对要成长为一个家庭教育和家校共育积极的教练型成长赋能者，提出如下八大素养培育目标和修炼要求：

（1）坚守"成长型思维"而非"问题型思维"的儿童发展观；

（2）立足"学习者需求"而非"教育者预设"的儿童教育观；

（3）着眼"自成长激励"而非"被成长赏识"的儿童养成观；

（4）关注"长板性优势"而非"短板性不足"的儿童教养观；

（5）注重"素养生成"而非"问题应对"的教育导向智慧；

（6）着力"正念转化"而非"负向纠结焦虑"的教育方式；

（7）侧重"成功性归因"①而非"习得性无助"②的思维培养；

（8）培育"积极坚毅品格"而非"消极心态"的育人艺术。

（三）寻找有效素养生成指导法

素养转化导向策略有具体的实施方法，才能真正促进学生素养自主生成和自我转化。我们在指导中小学名班主任工作室的实践中积累、总结、提炼的有效指导方法有以下五种：

第一，"同向同心，同步同力"③的家校协同共育素养生成法。同向同心是指家庭和学校需要有共同一致的方向和情感认同，这是家校协同共育的理念与情感；同步同力是指家校合力联动和有效合作的操作计划和共同行动。家校协同共育首先要同向同心，之后才能同步同力。前者是根本，后者是保障。只有采用"四同"工作运行机制和行动措施，才能保障家校共育目标真正落到实处。

第二，"长板长处，优点亮点"家校合力拓潜素养生成法。"木桶短板"理论以问题眼光盯着学生的缺点和不足，而对学生的优点和潜能等视而不见、听而不闻。而家校合力拓潜素养生成法是指关注学生的优点和潜能，通过老师和父母的"期望效应""优点轰炸"等行为帮助学生发现自己的优点和潜能，从而增强其自信的指导方法。

第三，"正念正向，正面正能"的赋能式素养自我给力生成法。学生的健康成长和全面发展需要教育者的正确引领，但所有的教育引领都需要转化为学习者自身的需要才能实现。换言之，教育促进学生发展正能量的过程实质上是激发和唤醒学生素养自我生成与成长的自我实现的过程。真正有效的教育，要让学习者成为心灵的主人。引领心灵成长或通过叙事拨动情弦，"在感触中感动—在感动中感悟—在感悟中成长"，或通过活动体验感悟，"在活动中体验—在体验中感

---

① 美国心理学家维纳（B. Weiner）于1974年提出了成功与失败的归因模型。

② ［美］克里斯托弗·彼得森，史蒂文·迈尔，马丁·塞利格曼. 习得性无助［M］. 戴俊毅，屠筱青，译. 北京：机械工业出版社，2011.

③ 李季. 第四教育力营造与第一影响源重构：论家校合作共同体建立与协同育人模式构建［J］. 中小学德育，2018（01）：11-15.

悟—在感悟中成长"。这些都是我们近年来在班主任工作实践和创新发展探索中总结形成的引领学生心灵成长的有效实践模式。①

第四，"自主自律，自省自觉"的自成长式素养生成法。管束说教、活动体验、自我感悟，是学校德育和家庭教育的三大途径和方式。管束说教有严格规范和苦口婆心育人的意义，但单向性的教育要求常常只是一厢情愿，效果往往不尽如人意；②活动体验，通过活动参与的方式，让学生在活动中尤其是富有教育意义的主题活动中体验、明理，实践证明这是行之有效的师生沟通、亲子交流和素养转化方式；自我感悟，遵循学生品德形成的内生外化规律③，是学生品德自我感悟、自我建构、自我生成，形成知行合一的真正品德的最理想模式④。从素养生成发展的本质意义上说，人的素养培养和发展最终都是学习者主体自我构建的过程。因此，"管束说教是下策，活动体验是中策，自我感悟是上策"⑤。

第五，"亦师亦友，好话好说"的情感共鸣式素养生成法。针对学生不喜欢成人说教式管教的特点，本着教育实效性原则，教师和家长以"亦师亦友""心理同龄人"的身份与学生相处，即教师与家长同学生在生理年龄上虽然有差距和代沟，但在心理年龄上可以"同龄"，可以彼此认同。如果教师与家长能站在学生的立场，从学生的角度来看待事物、体验他们的心理需求，就容易与学生在认知方式、情感态度上处于"同一频道"，就容易有共同语言，产生"同频共振"效应。同理，如果学生从教师与父母内心的真正希望出发去体验、理解他们的说法和愿望，彼此就能够进行"心理同龄人式"的有效沟通。因此，我们建议教师与家长对学生采取朋友式的"好话好说"的沟通方式进行交流。具体做法是：好话友好说，要求建议说，批评明确说，表扬激励说，换位理解说，没话找话说，等等。相应地，我们也主张学生以"有话好好说"的方式同教师与父母沟通。"好好说"首先是一种请示、商量的态度；其次是一种主动解释、说明的智慧；最后是慢慢说、清楚说、明白说，这是一种表达能力，让人了解说的意图及

---

① 李季. 心理领导力：班主任的核心素养 [J]. 中小学德育，2016（05）：13-16.

② 范群. 对教师"苦口婆心"的冷思考 [J]. 中小学德育，2015（05）：66-68.

③ 莫雷. 德性内生是德育心理学的一个重要命题：李季教授《德性内生：论儿童品德的自我建构》点评 [J]. 中小学德育，2012（01）：23-24.

④ 李季. 走心德育：品德形成的深层引导 [J]. 中小学德育，2017（02）：5-9.

⑤ 李季，贾高见. 中学德育问题与对策 [M]. 北京：中国轻工业出版社，2014.

背后的心理诉求。

沟通、交流、表达是人际相互作用及影响的互动智慧，是情商能力的体现。从班主任工作实践效果来看，家庭和学校中这种沟通交流，不仅有利于促进学生知识能力、人格素养的自我转化，还能够融洽师生、亲子关系。师生、亲子冲突很多时候就是因为没有"友好说"和"好好说"而产生的。来自教师和家长方面的问题大多是不能以"同龄人朋友"的身份与学生沟通。学生由于情绪容易冲动，常常是不能也不会"友好说""好好说"。这种说的方式和能力不仅是表达者的问题，很大程度上还是聆听者的问题，比如在日常学习生活中，教师与家长有没有耐心聆听学生的心声。有效沟通是和谐家庭教育和积极家校共育的聚焦点、生长点，这也是情感共鸣式素养生成法的操作思路，即"有效果比有道理更重要"。

三、素养发展活动体系构建

从教育影响到体验感悟和内生外化的发展规律来说，学生素质养成不仅仅是一种教育到素养生成的过程，更是一个教育影响走进学生心灵，引领学生心灵成长的走心历程。[①]联通这一过程和心路历程的连接点是课程，尤其是主题性活动课程。小体验大素养走心式主题活动课程正是基于这一思路进行设计和开展实施的，这是落实学生核心素养培育目标的根本保障和有效措施。

中国学生发展核心素养总体框架为培育学生核心素养和发展素质教育提出了明确、具体的发展方向。"成长配方——小体验大素养主题活动"根据中国学生的六大发展核心素养，整合核心素养发展横向层面的十八个基本要点和纵向层面小学、初中、高中三个学段的不同目标要求进行交汇性主题内容设计，构建小体验大素养主题活动促进学生发展核心素养生成导图（如图1-1所示）和小体验大素养主题活动促进学生发展核心素养生成体系表（如表1-1所示）。

---

① 李季. 走心德育：品德形成的深层引导［J］. 中小学德育，2017（02）：5-9.

图1-1 学生发展核心素养生成导图

表1-1 学生发展核心素养生成体系表

六大素养十八种要点	核心特质	走心式班级活动主题	活动体验生长点
人文底蕴之人文积淀	智能学力		
人文底蕴之人文情怀	智能学力		
人文底蕴之审美情趣	智能学力	见各学段主题设计	见各主题内容设计
科学精神之理性思维	智能学力		
科学精神之批判质疑	智能学力		

成长配方——小体验大素养主题活动（高中版）

22

六大素养十八种要点	核心特质	走心式班级活动主题	活动体验生长点
科学精神之勇于探究	智能学力		
学会学习之乐学善学	智能学力		
学会学习之勤于反思	智能学力		
学会学习之信息意识	智能学力		
健康生活之珍爱生命	生命活力		
健康生活之健全人格	心理念力		
健康生活之自我管理	心理念力	见各学段主题设计	见各主题内容设计
责任担当之社会责任	社会群力		
责任担当之国家认同	社会群力		
责任担当之国际理解	社会群力		
实践创新之劳动意识	生命活力		
实践创新之问题解决	智能学力		
实践创新之技术运用	智能学力		

　　学生核心素养的形成和发展是学校教育影响和学生自我建构学习活动的过程和结果，一般经历"课程教学—自主学习—体验感悟—自我建构—素质生成"的心路历程[①]。体验学习是学生自我建构学习的重要形式，走心德育是学生核心素养形成和发展的生长点。小体验大素养主题活动以促进学生核心素养的生成为导向，根据体验学习和走心德育原理设计，落实在班级教育活动之中，目标指向学生核心素养的科学发展。

要点回顾

　　1. 聚焦学生核心素养，以立德树人为根本任务进行学校主题活动设计与实施指导。

---

① 李季. 走心德育：品德形成的深层引导［J］. 中小学德育，2017（02）：5-9.

2. 基于自然人、社会人、主体人的本质特征，深化理解学生核心素养。

3. 以学生核心素养为基本取向构建小体验大素养主题活动体系，促进学生核心素养科学发展。

一题思考

如何指导家长从呵护或操控的"被成长型"父母转变成为期望或激励的"自成长型"父母？（检测家庭教育与家校共育指导的基本知识、观念）

第二章 发展要素

——学龄特点原理

　　学生核心素养的培育指导，从生成机制上说，活动体验是有效载体，内生外化是内在机理，走心导向是生成历程；从影响作用上说，家庭教育是第一影响源，学校教育是关键影响源，学龄特点是核心影响源。如果说学生发展核心素养的生成是外在教育影响的结果，那么素质发展主体的学龄特点原理，则是"小体验大素养"家校共育主题活动设计与实施的成长规律指导原理。

学生发展核心素养，是家庭教育和学校教育共同影响的结果，学龄特点是其不可或缺的影响要素。

情景案例

今天我们谈"恋爱"

设计背景

有人说："这个世界上有两件事情最难控制，一个是打喷嚏，一个是谈恋爱。"我发现我带的这些高二学生，有的已经开始尝试初恋的滋味。苏霍姆林斯基说过："高尚爱情的种子需要在年轻人产生性欲之前好久的时候，即在他们的童年、少年时期播在他们的心田里。"于是我设计了这样一堂班会课，它由三个层层深入的教育情境构成，分别是：率性表达、真诚对白、用心感悟。

活动目的

本节班会课通过三个层层深入的教育情境，旨在让学生初步体悟"责任是爱情的土壤"这一高尚的爱情观，进而深入反思自己的"早恋"行为。

活动过程

情境一：率性表达。通过轻松的生活故事让学生自然流露爱情观，借此寻找教育契机。

班会课由一个生活故事导入：一个妙龄女子要找郎君，张生家庭富裕，但不学无术；李生家境贫寒，但勤劳善良。面对两种选择，女子对母亲说："我想吃在张家，住在李家，行吗？"我的话音刚落，全班笑作一团。接着我引出了班会课的第一个话题：请帮故事中的女子出个主意。这时，有的同学说："选张家的，他有钱，可能很浪漫。"也有的说："选李家的，他可靠，更有前途。"可张平同学却说："三心二意的女孩，最好不要。天涯何处无芳草，何必非在本村找！"他的话赢得了全班同学的喝彩。第一环节，通过轻松的生活故事让学生自然流露爱情观，借此寻找教育契机。于是我说："我想把张平刚才的话稍作改动，那就是'天涯何时无芳草，何必非要现在找？'"

情境二：真诚对白。教师笑谈"初恋"，青春期教育润物无声。

借此我引出了班会课的第二个话题：我们何时谈恋爱？听到这个问题，同学们沉默了，有的笑而不答。还有一个同学竟然反问我："老师您是什么时候开始恋爱的？"我直率地说："初一啊！"同学们都惊讶地看着我。我接着说："我那会儿数学不好，班上有个男生数学很厉害，我觉得我很喜欢他。""那后来呢，老师？"我说："后来，我数学成绩赶上来了，也就不再迷恋他了！"结果又是哄堂大笑。一个同学说："老师您这哪是爱呀！您只不过是羡慕他数学好而已。"我的第二个教育契机水到渠成，于是我说："就是啊，处在青春期的少男少女彼此欣赏很正常嘛，但这种纯洁的同学情谊却常常被周围人甚至自己误解为爱情。"这时，同学们开始若有所思。班会课也即将进入一个高潮阶段：教师现身说法，真情导悟。

情境三：用心感悟。教师现身说法，真情导悟。让学生对"早恋"现象有更理性的反思。

"同学们，这是40年前的一张结婚照片。他们还没结婚时，姑娘对小伙子说：'我身体不好，有心脏病，你要慎重考虑。'小伙子说：'我考虑过了，我愿意和你一起生活。'于是两个人结婚了，也有了孩子，可是妻子的身体每况愈下，男人承担了整个家庭的重担，整整十年，直到女人离开这个世界。那一年他们的小儿子才十三岁。二十年后这个小男孩成为我的丈夫，他样貌一般，不善言谈，我甚至觉得他不够浪漫。可当我看到他细心地给94岁的奶奶换尿片、洗内衣时，我才感悟到一个真正懂得爱的人，首先是一个有责任的人。"我的爱情故事讲完后，教室里出奇的安静，之后是一片热烈而真诚的掌声。打铁趁热，我以两个意味深长的思考题结束了班会课：

1. 你心中的爱情是什么样的？

2. 你认为爱情的基础是什么？

活动反思

一堂没有游戏，没有小品，也没有音乐的班会课，让这个"恋爱"谈得很不浪漫。可之后的学习生活中，同学们以不同的形式和我交流了自己对爱情的看法，甚至谈到了恋爱中的困惑。我的青春期教育系列主题班会也陆续展开了。著名教育家林格先生说，教育的秘诀就是：三分教、七分等。我的理解是，找一个机会，让学生表达；给自己一个机会，学会倾听；留给彼此一个空间，用心感悟。

（班会课设计：广东省名班主任工作室主持人　刘静）

微言感悟

青春期性教育一直是家庭教育、学校教育的热点难题。青春期性教育不仅仅是"异性早恋"的教育，"同性早恋"也已成为无可回避的问题。青春期性教育不乏成功的案例，然而很难有可以复制的经验。但有两种做法还是可以借鉴的，一是家长和学校在这个问题上的认识理解应协同一致，因为它涉及学生未来的情感生活；二是走心式体验—感悟—明理方法，可能要比粗暴禁止和生硬说教更有效。

一、家庭教育是第一影响源

家庭、学校、朋辈等在学生成长过程中有着不同程度的影响作用。一般认为，婴幼儿阶段，父母是成长的"重要他人"；小学阶段，老师是成长的"重要他人"；中学阶段，同伴朋友是成长的"重要他人"；大学阶段，恋人和导师是成长的"重要他人"。事实上，家庭教育是孩子健康成长的第一影响源，是起着决定性作用的影响因素。这是家庭教育的本质内涵所决定的。家庭教育具有亲缘性与不可替代性、早期性与深刻深远性、随时性与潜移默化性、终身性与自觉传承性等四大本质特征。这是任何其他教育包括正式的学校教育以及影响越来越普遍的社会教育、网络教育无法替代的。

家庭教育中影响子女的主要因素有家庭文化氛围、父母教育意识、家庭成员素养等。家庭是以婚姻和血缘关系为基础的社会单位，是孩子健康成长的港湾，是孩子梦想启航的地方，是孩子走向社会的桥梁。家庭是人生的第一个课堂，在孩子身心发展中具有社会化功能和情感与陪伴核心功能。家庭教育的任务一般包括：制订亲子共同学习成长计划；积极配合学校和班主任，家校协同共育；重视孩子的身心健康和行为品德教育。家庭教育关系到孩子的终身发展，关系到千家万户的切身利益，关系到民族复兴大业和国家的未来。

父母与子女是血缘关系，具有亲缘性。法律意义上，父母是一种角色责任。孩子未成年时，父母对子女具有监护权和养育责任，抚养、教育、保护孩子健康成长，就是父母的法律责任。《教育部关于加强家庭教育工作的指导意见》明确提出，教育孩子是父母或者其他监护人的法定职责，父母必须依法履行家庭教育职责。近年来，全国多个省市制定了家庭教育促进条例，要求父母双方共同履行对未成年子女的家庭教育义务。

习近平总书记明确提出注重家庭、注重家教、注重家风的"三注重"家庭思想。他强调，家庭是社会的基本细胞，是人生的第一所学校，父母是孩子的第一任老师，家风是一个家庭的精神内核。无论时代如何变化，无论经济社会如何发展，对一个社会来说，家庭的生活依托都不可替代，家庭的社会功能都不可替代，家庭的文明作用都不可替代。有什么样的家庭教育，就有什么样的人，家长特别是父母对子女的影响很大，甚至可以影响子女的一生。因此，父母要树立良好家风，自觉承担家庭责任和教育后代的责任，"帮助孩子扣好人生的第一粒扣子，迈好人生的第一个台阶"。唯有"千千万万个家庭的家风好，子女教育得好"，整个社会风气才有好的基础；也唯有每一个家庭的家风好，千千万万个家庭才能"成为国家发展、民族进步、社会和谐的重要基点"。

二、学校教育是关键影响源

学校教育是学生素养发展过程中的关键性影响因素，这是由学校教育的本质特征决定的。学校教育具有专门场所、专用课程、专业教师的主导性优势，以及其他影响途径和方式无法替代的正向性、全面性、融通性等特点，在培育学生核心素养的过程中富有价值引领的作用，并协同其他因素共同影响未成年人的素养生成。[①]

学校教育影响的本质是价值导向。价值观是人对客观事物的看法、态度、判断、评价与选择，如品质特性的真伪、善恶、美丑，功能作用的强弱、高低，以

---

① 李季. 第四教育力营造与第一影响源重构：论家校合作共同体建立与协同育人模式构建［J］. 中小学德育，2018（01）：11-15.

及效果意义的大小、好坏等。价值观是思想的灵魂，是品德的内核，是行为的指南；核心价值观更是有导向、统领的意义。培养正确的价值观是未成年人思想道德建设的重心，是学校立德树人的重点，是中小学德育工作的使命。未成年人的价值观正处于形成发展的关键期，良莠并存的社会文化不利于未成年人正确的核心价值观的形成和发展，科学正确的价值观导向殊为必要，是未成年人思想道德建设永不落幕且历久常新的主题。[①]价值观导向不仅要求学校教育要根据中小学生思想道德变化发展审时度势地进行有针对性的主题价值引领，还需要在实践上进行与时俱进的富有实效性的指导。

我们主张从社会变化与文化视角和价值导向与走心策略视野来创新中小学德育，推动学校德育特色品牌发展和促进未成年人思想道德建设的理论与实践创新，如"叙事德育""体悟德育""走心德育""生态德育"等。改革开放40多年来的德育经验告诉我们，唯有坚守核心价值观导向，坚信德性内生规律，坚定走心德育策略，坚持德育创新，才是推动未成年人思想道德建设，将社会主义核心价值观融入中小学教育全过程，落实中小学立德树人根本任务和促进学校德育一体化、科学化、专业化生态发展的必由之路。[②]

家庭教育指导工作是学校德育工作的一个重要组成部分，是落实学校立德树人根本任务不可或缺的内容。学校加强家庭教育指导是家校共育的重要内容，具有促进少年儿童健全发展和亲子共同成长，提高家长家庭教育素养和增强家庭教育科学性、实效性的作用。学校要充分发挥对家庭教育工作的指导作用。

学校教育影响不仅是科学、专业、专门的影响，更是规范、正面、正向的影响和价值导向。因此，学校要培育学生德、智、体、美、劳全面发展，落实立德树人的根本任务；班主任必须坚持全面贯彻国家教育方针，坚持贯彻落实习近平总书记提出的"三注重"家庭思想、《教育部关于加强家庭教育工作的指导意见》和《中小学德育工作指南》，进行班级管理，组织班级主题教育活动，以真正发挥学校教育作为学生成长关键影响源的作用。

---

① 李季. 价值观导向：未成年人思想道德建设永不落幕的主题 [J]. 课程教学研究，2018（12）：11-17.

② 李季. 从被动应对到积极导向：广东学校德育40年改革发展之路 [J]. 中小学德育，2018（10）：4-10.

针对家庭教育"学校化"、家校合作表层化和学校对家庭教育工作指导认识不到位、水平不高等问题，可采取以下几点措施加强学校对家庭教育的指导：

第一，加强学校对家庭教育指导工作重要意义的认识，要把家庭教育指导作为学校德育的一项常规工作加以规范，落实人员、计划、责任、分工、实施等；第二，探讨学校进行家庭教育指导的特点，落实以培训班主任为主体的家庭教育指导队伍建设；第三，研究切实提高中小学和幼儿园家长家庭教育素养的有效途径和方法；第四，设置学校指导家庭教育的专业课程，通过专业课程指导家长提高家庭教育科学素养。

三、学龄特点是核心影响源

影响学生素养生成和健康成长的因素虽然很多，但实质上只有两类，即外在影响因素和内在影响因素。外在影响因素是所有起着影响作用、左右素质发展主体素质生成的外部条件，是素质发展主体之外的所有影响源的总和；内在影响因素，指的是素质发展主体的自我发展基础条件，一般包括身心发展基础、年龄特征、个性心理特点、自主发展意识、自我构建意识、能力、动力水平等，具体来说，就是学龄阶段的认知、情绪、意志、行为发展基础和个性心理特征，学习与信息加工能力，以及道德品质等发展状况。

（一）高中生学习发展特点

1. 高中生心理发展基本特点

高一学生处于心理断乳期，自我意识、独立思考和处事能力明显增长；情感活跃而丰富，但自控能力也得到增强；人际交往行为两极性特征明显，对成人闭锁，而对朋辈敞开。高二学生处于学习分化期：易松懈，产生自我怀疑、自卑和焦虑心理；随着同伴交往友谊感的深化发展，男女生容易恋爱。高三处于树立理想追求、思考人生价值和制订生涯规划的关键期。因此，系列化、层次化、阶梯式相关主题班会课指导，对他们的心理与道德及整体素质的养成将具有自我成长性的深远价值和意义。

2. 高中学生学习主要特点

（1）两"多"——科目多、内容多。

（2）两"少"——时间少、复习少。

（3）两"高"——高中课程对学生空间思维能力、逻辑推理能力、抽象思维能力以及思维的抽象性、理论性、综合性品质要求更高，学科知识相互渗透，知识迁移、理解运用能力要求高。

（4）两"大"——学业竞争激烈导致同伴竞争压力和伴随而来的人际交往选择压力增大，学习内容容量及其难度增长。

（5）两"困扰"——高中阶段尤其是高三决胜高考备考情绪焦虑的困扰和高考"3+1+2"的科目选择的困扰（"3"指语文、数学、英语三科，"1"指在物理和历史两科中选一科，"2"指在剩下的化学、生物、地理、政治四科中挑选两科作为高考科目）。

3. 高中生学习心理品质发展特点

在认知方面，高中生感知能力和观察水平明显提高，注意品质得到较好的发展，记忆力达到新的水平，独立自主的思维品质有明显发展，能独立思考，思考更具广阔性、深刻性，辩证思维能力提高，有更强的好奇心和求知欲。在学习动机和兴趣方面，高中生学习动机趋于集中，即以"升学"为主要的学习动机，学习兴趣具有一定的稳定性，并逐渐分化，为选科学习打下了基础。在学习自觉性方面，高中生自尊心较强，渴望得到他人的尊重和认可，努力成为更好的自己，学习意志品质有显著发展。在学科学习方面，高中生的人文底蕴更加深厚，随着考试要求越来越高，高中生对知识的理解和跨学科的交融越来越深入，对问题的思考也趋向全面化、系统化，这些对促进高中生的科学精神和学会学习等核心素养起到重要的促进作用。

（二）高中生自我意识发展特点

高中生在自我意识方面表现出强烈关注自己的外貌和体征，重视自己的学习能力和学业成绩，关心自己的人格特征和情绪特征。自我观察、自我评价、自我体验、自我监督、自我控制等自我意识的各种成分都获得了高度的发展，并趋于成熟。在社会性发展方面，友谊更直率，更易被观察到，异性之间表现出比初中阶段更强烈的兴趣，恋爱行为更为常见。与父母的情感不如以前亲密。由于生活空间的扩大，高中生常常体验到更为广泛的内心冲突和压力，基本上能与父母或其他成人保持一种肯定的尊重的关系，初中阶段十分明显的逆反成分逐渐减少。与初中生相比，高中生基本趋于成熟稳定，自我意识及个性都逐步定型。

自主学习心理增强是高中生自我意识发展的具体表现。

学习自觉性、自主性增强是高中生学习心理的重要特点。自主学习是指教学条件下学生高品质的学习，是能有效地促进学生发展的学习。自主性学习是指学生能够根据自身认知水平和需要，自主确立学习目标，选择适合自己的学习方法，自觉调控学习状态，并能做出有效自我评价的学习行为。

美国心理学家齐默尔曼（B.J.Zimmerman）从学习的六个维度（为什么学、如何学、何时学、学什么、在哪里学、与谁一起学）进行了综合分析，提出了齐默尔曼5W1H系统研究框架[①]。如果学习者在"任务类型"列的六个方面均能够由自己做出选择或控制，那么他的学习就是充分自主的。

高度自主学习的状态是：学习的动机是内在的、自我激发的；学习的方法是有计划的或熟练程度已经达到自动化的；学习者对学习时间的安排是定时而有效的；学习者对学习的结果能够自我意识；学习者能对学习过程自我监控，对学习所处的物质环境和社会环境保持敏感与随机应变能力，比如能主动选择和营造有利于学习的资源环境，能够选择榜样、寻求帮助等。

高中阶段是个体由青少年走向成人的过渡阶段，培养高中生的自主学习能力，对其一生的发展具有十分重要和深远的意义。

（三）高中生道德心理特点

1. 高中生道德认知的发展

高中生道德认知在形式上表现为更加概括、抽象，在内容上更加深刻、细致。随着所掌握的道德行为准则知识的增多，高中生道德知识的结构也日趋复杂，对道德知识的掌握呈现出新的特点。

美国心理学家柯尔伯格（L. Kohlberg）将人的道德发展概括为三个水平六个阶段，即"三水平六阶段论"[②]。

（1）前世俗水平（9岁前的大多数）。

第一阶段：惩罚的服从取向阶段。儿童评定行为好坏着重于行为的结果，认为受赞扬的行为就是好的，受惩罚的行为就是坏的。

---

① 王永辉，冯丽樱. 远程学习：基于齐默尔曼自主学习理论的分析［J］. 湖北广播电视大学学报，2008（28）：7-9.

② ［美］柯尔伯格，道德教育的哲学［M］. 魏贤超，等译. 杭州：浙江教育出版社，2000.

第二阶段：相对功利取向阶段。儿童评定行为的好坏主要看行为是否符合自己的要求和利益。

（2）世俗水平（10~15岁的大多数）。

第三阶段：寻求认可取向阶段。处于此阶段的人认为凡取悦别人，帮助别人以满足他人愿望的"好孩子"行为是好的，否则就是坏的。他们的价值推理受众人的共同愿望和一致意见影响较大。

第四阶段：遵守法规秩序取向阶段。处于此阶段的人认为正确的行为就是尽到个人责任，尊重权威，维护社会秩序，否则就是错误的。他们已经意识到良心与社会体系的重要性。

（3）后世俗水平（16岁后的部分人）。

第五阶段：社会契约取向阶段。处于此阶段的人普遍认为，道德法则只是一种社会契约，可以改变，不能以不变的规则去衡量人的行为。

第六阶段：普遍伦理取向阶段。处于此阶段的人已具有抽象的以尊重个人和个人良心为基础的道德观念，认为个人一贯地依据自己选定的道德原则去做就是正确的。

高中生的道德判断大致处在"后世俗水平"的第五阶段，即社会契约取向阶段。他们不仅仅自觉地遵守某些行为准则，还认识到法律的人为性及社会原则的灵活性。

道德观念的发展是与道德判断能力紧密相关的，受道德判断能力的影响。高中生的道德观念基本上达到了原则水平，其道德知识、道德思维和道德观念相互联系，共同反映着高中生的道德认识。

2. 高中生道德情感的发展

（1）高中生的情绪特点。

高中生心理发展水平尚处于从幼稚走向成熟的过渡时期，仍表现出半成熟、半幼稚的矛盾性特点，这些特点在情绪情感方面的表现是：

情绪情感的多样性。高中生的情绪情感呈现出较强的多样性。他们既对个人前途充满憧憬、彷徨和渴望的各种情绪体验，也对社会变革产生强烈的情绪体验，还开始产生深厚的民族和祖国情怀。

情绪情感的积极性。高中阶段的学生以热情饱满、富有朝气等积极的情绪体验为主。他们的情绪往往高亢强烈，充满激情，朋辈影响加强，友谊感迅速增强，出现两性爱情的萌芽，开始更多地考虑未来并充满美好的憧憬和幻想。

情绪情感的深刻性。随着高中阶段生理发育的日趋成熟，神经系统的不断完善，高中生理智感、美感的内容不断丰富，水平更加提高，情绪情感表现出相对的深刻性。

（2）高中生的道德情感特点。

道德情感有三种表现形式：直觉的道德情感，由某种情境直接引起的，自觉性较低，且具有迅速的道德定向作用的情感体验；想象的道德情感，在联想起某些有道德意义的人或事物的形象时激起的较自觉的情感体验；伦理性道德情感，把道德感性经验和理性认识结合在一起，对道德要求及意义有较深刻的认识。这三种形式的道德情感不同程度地存在于高中生身上。高中生道德情感还发展出集体荣誉感、义务感、良心、幸福感和爱国主义情感等，高中生的这些情感特点，因势利导，有利于帮助他们增强社会责任感，发展成为有理想信念、敢于担当的人。

3. 高中生道德行为的发展

道德行为需要凭借一定的道德意志来调节才能完成预定的道德任务，高中生的道德意志表现为基本上能依靠内心的自觉性来调控自己，以坚持完成任务，但仍然需要一定的外部督促、检查。

道德认知、道德情感、道德意志和道德行为共同构成了道德的心理特征。它们相互制约、相互规定，共同构成了道德心理特征的组织系统。因此，在高中生的道德培养过程中，必须注重各种道德心理特征的同步培养，以促使它们在相互激励中协同发展，整体提高。

高中生的道德发展特点，为培育高中生社会参与的核心素养提供了重要的基础，再加上体验式的活动激发和强化，对他们的社会责任、国家认同和国际理解等核心素养的培育会起到事半功倍的作用。

4. 高中班级主题活动系列设计思路

学校德育工作要根据高中学生学习、自我意识和道德心理特点，结合走心德育、体验学习、素质生成等原理来设计、规划、组织、实施班级活动，以更科学、有效地发展学生的核心素养。

纵向主线：根据中国学生发展的六大核心素养，我们把高中班级主题活动设计分为六个板块：人文底蕴、科学精神、学会学习、健康生活、责任担当与实践创新，这六个板块的内容贯穿高中三年的班级主题活动课，从高一到高三层层递进。

横向主线：根据每个年级学生的特点，分为三个主题：高一"规范与自律"主题、高二"思辨与情怀"主题、高三"拼搏与超越"主题。三个年级的内容有共性也有个性。

📖 要点回顾

1. 父母是孩子成长的重要他人，教育孩子是父母的法定职责，家庭教育是孩子成长的第一影响源。

2. 重视教育影响的多元化和科学性，学校教育是高中生素养发展的关键影响源。

3. 注重学生发展核心素养的年龄特点，学龄特点是高中生素养生成的核心影响源。

4. 自主学习、自我意识和道德心理特点是高中生发展核心素养生成的重要影响因素。

📖 一题思考

如何指导父母认识家庭生活方式对孩子成长影响的深远性，避免"亲源性心理障碍"（父母教养方式不当导致的孩子成长的心理问题）？（检测家庭教育与家校共育在亲子有效沟通方式、习惯指导方面的观念与技术）

一直以来，我们都坚信人的素养形成和发展是教育的结果。然而，学生发展核心素养是教育积极影响下个体素养的内在自主生成和行为自觉外显的过程。内生外化是"小体验大素养"家校共育主题活动设计与实施的素养生成原理。

第三章 内生外化

——素养生成原理

学生发展核心素养的生成，从形成机制上说，是一个内生外化的过程。

情景案例

让每个学生拥有一双寻找光明的眼睛

在2018年广东省第七届中小学班主任专业能力大赛上，一位选手讲述他作为班主任面对后进生时恨铁不成钢的无奈："上帝给你一双寻找光明的眼睛，你只会用来翻白眼？！"

实施公平而优质的教育是国家发展素质教育的宗旨，也是每一个教育者的使命。作为学校教师，我们无法选择自己的学生；作为学生成长的导师，我们必须有教无类，公平、公正地对待和帮助每一个学生。

教育的宗旨是一切为了学生的发展。发展是教育的硬道理！促进每一个学生发展，不让任何一个学生掉队，不抛弃不放弃，是教育的使命，是教育者的情怀。世界上没有两片相同的叶子，也没有两个相同的学生。尊重差异、关注不同、个别教育，是一个教师的师德修养和基本素质。自然人群中有上中下之分，学生学习和成长也不例外。事实上，任何一个学生都有自己的特点。如，优等生——大都是积极发奋者，能自觉用黑色眼睛来寻找光明，但常常有易碎受伤和表面光鲜而内心软弱的"玻璃心-草莓人格"；中等生——由于比上不足比下有余，因而常常是班级中被忽视的人，他们经常在自卑与自信之间徘徊，但他们没有放弃，渴望被关注、被关怀，老师只要给一点点阳光，他们就会灿烂起来；而后进生——他们是处于可能与沉沦的边缘人，不容易看到希望。

唤醒每一类学生的希望是教育者的教育情怀。对于优等生，我们要提供支点让其自我唤醒；对于中等生，我们要发现亮点让其自我点亮；对于后进生，我们要帮助他寻找沸点让其发现自我。教育者，要让每一个学生成为心灵的明眼人，学会发现自己，学会自我成长、自我完善。

微言感悟 ◇◇◇

公平是教育者的情怀，博爱是班主任的灵魂。用教育情怀和博爱灵魂对待每一个学生，尊重差异，用"美丽的眼神"（期望效应）唤醒和激励每一颗心灵自主成长，让每一个学生都拥有一双寻找光明的眼睛，都有一种向着太阳奔跑的阳光心态。这是作为学生成长导师和家校共育指导者双重角色的班主任的教育情怀。

◇◇

一、素养生成的内生外化心路

（一）素养生成是心灵成长的实质

教育包括家庭教育和学校教育。学校教育是促进学生素质发展的科学，品德教育是引领心灵成长的学问。从立德树人的意义上说，心灵成长才是真正的成长，立德树人的使命是引导学生的心灵成长，让学生成为心灵的主人，本质是促进学生良好思想品德的形成与发展。

引领心灵成长，是"走心德育"的本质内涵。引领心灵成长，必须遵循品德形成从表层形式到深层内化和德性内生的规律，遵循品德发展由他律到自律、由自主到自觉的规律。而品德教育引领心灵成长的过程，是让儿童品德的形成与发展遵循道德认知感悟、道德情感体验、道德意志强化、道德行为养成的品德内化生成的心路历程，让儿童成为自己心灵的主人的过程。

让品德的形成与发展的过程经历道德知、情、意、行等心理要素的体验与感悟、内生与外化的心路历程，让品德的形成与发展沿着他律到自律、自主到自觉的方向发展、完善，让学生成为自己心灵的主人，这是"走心德育"立德树人的基本原理。①

（二）内生外化是素养生成的关键

品德教育是帮助和指导学生良好品德自我构建的过程。品德教育工作和班主任工作，不仅要有明确的德性生成目标，即品德认知、情感、意志、行为的形成目标和发展目标，还要有实施的内容、途径、方式和过程，更为重要的是教育教

---

① 李季. 走心德育：品德形成的深层引导 [J]. 中小学德育, 2017 (02)：5-9.

学的情景设计和教育者的指导要尽可能让学生自觉、主动地经历和体验这一品德心理要素形成和发展的心路历程，以实现品德的自我建构和德性的生成与素质的发展养成。让品德形成经历心路历程，以实现德性内在生成是"走心德育"的实质，是唤醒心灵的教育艺术，是班主任工作的智慧，更是体验式走心活动设计的灵魂。

（三）体验感悟是内生外化的转化点

促进学生德性内生有许多途径，如品德教育活动、综合实践、社团活动、校园生活、社会生活等，而品德教育活动是最常用和最直接的载体和途径。品德教育活动的主要意义在于体验。体验是一种内在的学习方式，它的实质是学生亲身参与、积极经历和自觉感悟，在这一过程中，学生在对新情景感知的基础上，充分运用已有的知识与生活经验，通过感悟或体验，获取新的知识或技能。如意大利教育家马利亚·蒙台梭利所言："让我听，我随后就忘记；让我看，我就能记住；让我做，我就能真正理解。"[1]体验是一种活动，也是活动的结果，作为一种活动，体验即主体亲历某件事并进行反思；作为活动的结果，体验即主体从其亲历和反思中获得认识和情感。

从学校品德教育的意义上说，品德教育活动是学生道德体验学习的过程，包括道德认知体验学习、道德情感体验学习和道德行为体验学习；从学生品德生成的意义上说，体验是一种活动性学习、行动性学习、情景性学习，活动体验、实践体验、情景体验、情绪体验、情感体验等都是体验学习的有效形式。

从德性内生的意义上说，体验产生感悟。学生在课程中、生活中、活动中、情境中、学习中体验，在体验中反思，在反思中感悟，在感悟中内化，在内化中升华。换言之，没有体验和感悟，就没有德性内生；没有德性内生，就没有品德形成和发展。

二、品德素质内生外化养成

由他律到自律，是儿童品德发展进程的基本规律。著名儿童心理学家皮亚杰的这一发现，揭示了自律对儿童德性内生和品德素质自我构建与自觉养成的价

① ［意］马利亚·蒙台梭利. 蒙台梭利文集第一卷：发现儿童［M］. 田时纲，译. 北京：人民出版社，2014.

值，对儿童品德心理发展具有重大的指导意义。这一特点和规律告诉我们：

第一，品德教育必须遵循儿童成长的年龄特点和自然规律，循序渐进才能实现品德由他律到自律发展。

第二，他律意义的品德教育目标、内容、过程、途径、载体等的设计与实施，要注重规范性、针对性、可接受性和有效性，这样才能创造出德性内生的氛围和条件。

第三，自律品质素养的培育和学校品德教育要强化道德认知主体的自我意识、自我规范、自我约束和自我反思，以达到道德自律的效果和境界。

第四，道德他律是道德自律的基础，他律阶段要重视基础性道德行为规范与行为习惯的养成；自律阶段要重视道德认知和道德价值观念的建立，而德性内生在这一过程中起着至关重要的作用。

然而，自律不是品德教育的终极目标，学校品德教育对学生思想品德素质的培养不能只停留在自律的层面。

第一，立德以立为本，立德立的不仅仅是自律之德，更是作为道德主体的自主、自觉之德。

第二，自律只是人的品德发展的一种自我约束功能，它维持的只是个体的"不给别人添麻烦"和做一个"听话的乖孩子"，以及成为一个"遵纪守法的公民"的道德水平，人的品德的更高境界是自觉。可以这样说，道德自律的底色基本上是"私德"行为，而道德自觉的基础主要是"公德"行为。无论是从个体道德发展的意义上说，或是从学校教育目标的意义上说，还是从现代公民意识培养的意义上说，自觉都应该是道德发展与教育的目标。中小学品德教育允许并应该设计不同层次的目标要求，但对于以学生发展核心素养培育为己任的学校教育而言，实现道德的自觉是最需要大力倡导的目标取向。

第三，道德自律强调的是约束性、局限性、压抑性的品德自我管理机制，而道德自觉倡导的是激励性、自觉性的品德自我发展机制。两者对人的品德形成和发展的积极能动作用的发挥，特别是在动力能量、可持续性和创新发展等方面的功能和意义，是不可相提并论的。当然，道德自律与道德自觉作为人的品德发展不同阶段和不同层次的目标，它们之间是一种相辅相成、相互制约的辩证关系，而非彼此取代关系。因此，把道德自觉作为中小学品德教育促进儿童品德形成和发展的终极目标，有助于引导学生品德的健康发展，有利于落实立德树人的根本任务和提高国民的现代公民意识。因为道德自觉能将道德自律的"私德"行为拓展为有利他性的"公德"行为，如志愿者行为等；有利于激发和培育学生积极向上的人生态度和助人利他、奉献社会的良好品格。

把道德自觉作为学生品德发展的终极目标，并不等于它是至高无上或高不可攀的。人的道德作为可大可小，做一个道德自觉的人，应该成为全社会的一种公民意识、道德需要和人格向往。因此，学校品德教育的关键，是激发、引导和帮助学生形成以自觉和利他品德为核心价值导向的道德理想、道德意识、道德情感和道德需要，这样才能真正促进学生道德自觉行为的形成和发展。

三、积极心理品质的自我构建

从立德树人这一根本任务的要求和"走心德育"的目标，以及体验式走心班会课和亲子活动的设计目的来看，中小学生的德性内生有三种境界：第一种境界是自然性的德性内生；第二种境界是自主性的德性内生；第三种境界是自觉性的德性内生。三种内生境界层次的不同，在于主体参与的主动性、积极性、身心投入状态以及体验感悟程度的不同。如同听课学习或学习某种技能的三种状态：一是被动跟随学——"要我学"；二是自主愿意学——"我愿学"；三是自觉主动学——"我要学"。三种状态下的学习效果自然也是不一样的。

德性内生的三种境界相辅相成、互相促进、循环共生、协同发展。而作为道德发展的最高境界，自觉性的德性内生自然是人们所追求的目标。自觉性的德性内生是个体的一种积极心理品质，是学生发展核心素养中的关键道德能力素养。

与家庭教育尤其是家校共育有密切关系的学校德育工作、班级管理和班级育人活动，对激发和培育学生德性内生的积极心理品质具有重要的作用。因此，班主任在常规工作尤其是主题班会课中，要注重学生自主自觉的德性内生积极心理品质的培育，积极促进学生核心素养发展。运用积极心理学原理开展积极、有效的班级立德树人活动，是当前班主任工作特别是主题班会课的关注点。

积极心理学是当代心理学的重要理论，对学校德育、班主任工作和家校共育有着十分重要的实践指导意义。积极心理学的基本原则是关注人的优点、人的幸福，以及如何给人正能量、激发人的潜能天赋、让人获得成就和价值感。这对于学校德育、班主任工作、家庭教育、家校共育来说，意义尤为重大。

近年来，我们一直致力于积极心理学在学校德育、家庭教育和班主任工作中的应用研究，探索在积极心理学理论指导下的赋予人幸福感和正能量的积极教育和积极班级活动模式，目的就是找寻积极心理品质内生外化的素养构建与生成方式，进而找到唤醒学生心灵的智慧方式，点燃学生内心的希望火把，温暖学生的情感世界，生成学生德性内生动力。

（一）实施积极为本的班级管理

积极为本的班级管理在班级和亲子活动中的作用体现在：一是可以激发和培育学生的积极心态，让更多拥有消极心态的人转变为拥有积极心态的人；二是可以唤醒和激励每个人心中那个积极向上、乐观进取的"我"，并帮助和指引学生寻找两个"我"之间的"同一性"，以促进他们的"自我同一性"与心理的健全发展，同时引导学生学会用积极的心理意识和思维习惯引领自我成长；三是可以开发和拓展学生的积极心理潜能，让积极心态和正能量成为学生的成长指引和人生财富。

实施积极为本的班级管理尤其主张每个人，无论是学生、老师还是家长，都应学会调整自己的心态，提升生活中的幸福感，积极地投入，获得更多生活的意义。这是班级管理不可或缺的重要内容，是作为学生成长导师的班主任的重要职责，也是素质教育的宗旨和教育公平的使命。

积极为本的班级管理的实质，一是唤醒和形成班级共同体的共同成长愿景、积极进取精神和发展的正能量；二是形成班级的凝聚力、向心力和互动激励效应；三是激发和培育班级成员的美好生活憧憬、乐观情绪态度和自我完善意识。

人们普遍认为，人类具有天生的智慧，人的大脑有掌握无限知识的可能，人脑90%～95%的潜能还没有得到充分利用和开发，这些潜能不仅仅是智力方面的，也包括情感、态度、人格等心理上的巨大潜能。人类不仅拥有恐惧、悲伤、贪婪、怨恨、自卑、自私等消极心理潜质，还拥有好奇、智慧、创造、感恩、善良、乐观等积极潜能与美德特质。积极心理学之父、美国心理学家马丁·塞利格曼在《积极精神与美德：分类与手册》中将24项积极人格特质划分为智慧、勇敢、仁爱、公正、克己和超越自我等六大类①。

曾几何时，人们更多关注的是消极心理而忽视积极心理。关注前者，人生旅程步履沉重，生命之光黯淡消沉；关注后者，人生充满阳光、希望和正能量，生命之花绚丽多姿。积极为本的班级管理理念，建立在积极为本的注重人类积极心理特质和美德特质的思想与观念之上，把激发、唤醒、激励、引导、促进、培育学生的积极人格特质和潜能，作为班级管理、班级建设和班级育人的核心任务。

教育具有让积极人格特质引导学生健康成长，丰富他们未来人生的作用。马克思认为，"教育绝非单纯的文化传递，教育之为教育，正是在于它是一种人格心灵的唤醒"②。教育的真正价值和意义，毫无疑问是在后者。然而，现实的教育奉行"转变儿童思想"和"升学考试分数"两大原则，关注点往往不是学生身上积极心理潜能和优秀品格潜质的激励、唤醒，而是发现和克服他们身上的缺点、不足和问题。因而，学生身上的正能量常被忽视、压制，甚至被泯灭。为此，学校教育尤其是班主任工作在创新教育发展中，要做到：第一，坚定和坚持"拓潜正能"，通过教育开发学生的优秀潜能和发挥正能量的教育价值功能观，把激发和培育学生身上的积极心理潜能和优秀品格潜质作为班级管理的核心任务；第二，"希望—励志"，通过唤醒学生对美好未来的向往、激发希望来激励其理想志向、成长动力与积极生活信念；第三，"自主—拓潜"激发学生的自主能动性，使其发现和开发自身的各种积极潜能和优秀潜质，促进学生自觉、主动发展；第四，"自为—正能"，通过点燃和培育学生的自我作为意识和精神，增强学生个体成长和群体发展的正能量。③

（二）拓展学生积极心理潜能

鸡蛋从外面打破后是食物，从里面打破后是生命，这是鸡蛋的"破壳原理"；人生，从外面打破是环境压力，从里面打破是成长动力，这是成长的"自动力原理"。人类发展和个体成长的动力都来自内心。人类积极心理潜能的自我

---

① Peterson C, Seligman M E P. Character Strengths and Virtues: A Handbook and Classification [M]. Washington, D.C.: American Psychological Assiation and Oxford University Press, 2004.

② 王克. 教育的智慧在于唤醒 [EB/OL]. （2019-09-24）[2020-05-11]. http: //politics. rmol.com.cn/2019/0924/557689.shtml.

③ 李季. 成长地图：班主任工作原理　第一课　班级积极心理管理原理 [J]. 中小学班主任，2017（03）：17-25.

拓展，是一种最重要的发展内驱力。现代品德教育和心理教育的最高原则是"助人自助"，而最高教育技巧则在于"助己自助"。因为，每个人都是自己心理世界的真正主人。教育的本质在于唤醒每个人心中积极的自我。换言之，在班级管理和班级育人中，只有帮助和引导学生学会开发和挖掘自身的积极心理潜能并形成相关的意识和习惯，他们才可能将潜在的积极心理潜能转化为现实的心理素养和优秀品质。

"心是主人身是客"。心理教育的最高原则是"助人自助"。运用积极心理学原理进行班级管理，目的是用积极心理育人，让积极心理品质引导学生的人生。班级积极心理管理通过建立富有积极心理意义和内涵的班级管理模式，营造积极向上的班级文化环境，让学生体验一种能充分展示心理潜能和优秀品质的班级生活，提升班级成员的积极心理素养，实现积极心理育人的班级管理目标。

班级积极心理管理目标育人。将积极心理学应用于班级管理，首先要坚定正向心理育人的班级积极心理管理宗旨，核心是培育班级成员的积极心理品质，尽可能为他们的人生注入正向的色彩，让积极心理品质导航人生。

班级积极心理管理过程育人。班级积极心理管理过程是通过积极心理管理行为实现培育学生积极心理品质的过程。通过"助人自助"的积极心理管理方式，帮助学生学会强大自己的心灵；通过激励学生"自我修炼"的积极心理管理方式，提升学生自身的正向心理素养；通过"交流分享"的积极心理管理方式，丰富学生的博大胸怀和人文情怀；通过"送人玫瑰"的积极心理管理方式，增强学生的心理正能量；通过"净化心灵"的积极心理管理方式，帮助学生排除内心的自卑、懒惰、抑郁、抱怨、妒忌、狭隘等消极心理。

（三）营造班级积极共育管理文化氛围

班级管理的本质是组织行为管理，班级组织行为管理的核心是建立班级积极管理模式，班级积极管理模式的建立是班级精神文化建设的关键。班级精神主要通过班级舆论、班级目标、班级口号、班训等来展现。它影响、制约、规范着每个学生的行为，能对学生产生潜移默化的教育作用。班主任应重视班级精神在班级管理中的作用，树立良好的班级精神来增强班级的向心力、凝聚力。

我们把营造班级积极共育管理文化氛围作为班级积极管理模式的着力点，致力于让班级管理过程中的每一个成员，包括学生、家长、班主任老师，更加积极向上，更加快乐幸福；让班级更加充满向心力、凝聚力和发展活力；让班级更加和谐温馨，真正成为共同学习、共同生活的集体。

班级积极共育管理，强调发挥班级中家庭—学校—社会、亲人—老师—学生的优势与潜能；同时引导学生学会发现、欣赏和激励别人的优势。

班级积极共育管理，从本质上说，是积极心态、悦纳情绪和主动行为等积极心理的唤醒和激发。班级积极认知管理，重点是建立班级核心价值观，包括班级发展共同愿景的形成，特色班级文化和良好班级舆论与班风的营造，特别是班级精神的确立等。班级积极情绪管理，主要是对班级成员进行情绪激励和引导，鼓励和引导班级中师生之间、同学之间进行积极、有效的情感沟通，帮助学生进行人际互助，学会用宽恕之心对待他人；培育班级成员的正面情绪和良好的人际沟通能力；提升班级成员的积极归因意识、自我效能感、自我价值感和心理韧性。班级积极行为管理，着重于通过班级活动和班级公共生活来激发班级成员共同参与，建设积极向上的班级和心理共同体。

班级积极管理，无论是认知管理、情绪管理，还是行为管理，最常用的途径和最有效的方式，都是创设具有积极意义的班级文化活动和开展具有主动体验学习意义的主题活动。

班主任是班级的领导者和指导者，要努力提升自己的专业素养，真正成为富有积极心理素养和能够传递正能量的赋能型、教练型成长导师，成为学生核心素养发展和健康成长的心灵鼓手，成为具有新时代家庭教育和家校共育专业智慧与能力的指导者。担当教练型成长导师角色的班主任，其核心功能和意义是培育和引导学生的积极未来，也就是通过创设具有导向未来的积极意义的班级文化，开展具有家校积极共育意义的主题活动，把学生培育成为具有积极进取人格的时代新人。

未来时代是智慧时代。智慧时代是人工智能的科技时代，智慧时代的人是人性更真更善更美的、积极进取的、高智慧的时代新人，不能也不可能只是操纵世界的机器人！我们认为，培育时代新人，应该使其具有如下特征：具有善于化被动为主动、化消极为积极、化危机为契机、化不利为有利的智慧品质；具有善于发掘身边的人、事与情境中积极因素的正向正念意识；不管顺境、逆境都能勇敢面对，拥有乐观向上和给人希望的正能量；任何时候心中都充满自信与幸福感，坚信办法总比问题多；不仅自己充满希望，更重要的是拥有让他人充满自信和希望的赋能技术；善于调适和平衡自己的情绪，具有情绪智能，尤其是坚毅智能素养；随时随地都在学习，具有与时俱进与终身学习的时代精神。

要点回顾

1. 学生素养生成是教育有效影响下个体素养的内在生成和行为外显过程，而不仅仅是教育影响的结果。

2. 德性内生是素质生成的关键，是品德素质的自觉养成，而体验和感悟是德性内生和素质养成不可或缺的心路历程。

3. 内生外化的素养自主生成是一种积极心理品质，走心式主题活动和积极班级管理，是教育工作者帮助学生形成和发展积极心理品质与素养的有效载体。

一题思考

如何指导父母掌握孩子道德形成内生外化的特点与规律？（检测家庭教育与家校共育指导的基本知识、方法）

第四章 心路历程

——走心德育原理

知而不行、行而不知的知行脱节，高分低能、眼高手低的表里不一……这些现象一直以来都是人们对学校教育培养低效、家庭教育教养不足、立德树人根本任务落实不到位等"老大难"问题的关注点。德育低效症结何在？事实上，我们距离理想德育并不遥远，只是缺少一段"走心"历程。学会做人是教育之根本，本真、自然、生态的德育更是社会的憧憬。"小体验大素养"生成转化的心路历程是家校共育主题活动设计与实施的走心德育指导原理。

学生核心素养形成与发展的过程，从立德树人意义上说，是引导素养经历知、情、意、行的心路历程，走心德育是有效途径。

情景案例

第11次感恩教育活动的"逆转"①

某中学请我给高二年级学生及其家长共3000多人在体育馆作一次以"感恩父母"为主题的大型班会（年级主题班会）。起初，我建议学校请专业感恩团队来操办，可能效果更好。每次学校开展感恩教育活动，孩子跪拜，给父母洗脚，父母给孩子或者孩子给父母念一封感人肺腑的亲情信，加上感恩教育活动过程中主持人极富煽情风格的"跳神导演"，场面十分感人。校长说："原本也是这样计划的，但在征求学生意见时却遭到强烈反对。学生的理由是，这样的'洗脚式'感恩教育活动年年如是，每年一次。小学6年做了六次；初中3年三次；高一又一次，已经重复了10次这样的感恩教育，每次都是亲子抱头痛哭。已经是人高马大的高中二年级学生，又要被别人像扯线木偶似的形式化感恩，心里十分不情愿，集体表示坚决反对。因此，今年只好改变一下形式，想请您这位'叙事德育'的倡导者用叙事的方式来为我们做这次亲情感恩教育活动。"

高中感恩教育活动，不是让孩子永远背负对父母的"负罪感"和"愧疚感"，不能只是像小学生那样用简单的"驮沙袋"或"护蛋行动"来体验孝心。根据高中二年级学生独立自主能力和逻辑思辨能力较强的特点，我决定以"母爱如溪父爱如山——感恩父母我的责任"为主题，以"启思——设问启动心灵，共情——叙事感动心灵，明理——体验感悟心灵"的走心德育原理作设计思路，通过五个环环相扣、层层深入的触动与启发心灵的问题，引起学生和家长的理性思考、情感触动与共情体验，来实施本次年级主题班会。

---

① 高飞. 匠心育人　桃李天下：记名班主任导师李季教授［J］. 中小学班主任, 2017（06）：4-9.

班会课流程和具体做法如下：

第一步，亲情"预热"。设问："你知道吗？当面临生死抉择时，父母都会毫不犹豫地把生的希望留给孩子。"在设问基础上，进行叙事共情，目的是通过亲情"预热"，进行感恩教育的"前情绪"铺垫。

叙事内容主要有：《0.018秒的母爱》，讲的是为救女儿，母亲用比世界短跑冠军起步速度还要快的速度——"一刹那"（0.018秒）从5米外冲刺用身体扑在火车底部与铁轨之间女儿的身体上，用身体保护女儿生命的故事。《用生命画出的求救信号》，讲述了一对母女在滑雪过程中遭遇雪崩，女儿罗莎琳生命垂危，母亲索菲亚以仅存的气力用鲜血爬画出求救信号向飞机求救，用自己的生命挽救了女儿的生命的令人感动落泪的故事。《天亮了》，叙述的是1999年贵州一风景区缆车坠落失事，一个2岁小男孩被父母四只手高举而得救的故事。歌唱家韩红领养了这个孩子，帮助他恢复创伤的心灵，并因此创作出《天亮了》这首感人肺腑的歌曲。

这几个故事的共同点是，孩子在遭遇不测的情况下，父母在生死关头的共同抉择都是毫不犹豫地把生的希望留给孩子！真实的故事，感人的情节，触发了亲子之间亲情的涌动。

第二步，亲情唤醒。有了亲情"预热"铺垫的基础，我们直面父母"唠叨"与孩子"逆反"这一中学阶段最突出和最常见的现象，进行亲情唤醒。设问："你知道吗？世界上有些关系永远不能改变，那就是血浓于水的亲子关系。"问题引发学生的理性思考，进而以感性的亲情故事唤醒他们的感恩情感——一种深藏于人类情感世界的感恩情结。但是，作为"青春叛逆期"的中学生，平时只知道母亲唠叨的厌烦，却很少体会"母爱如溪"的感动。

通过情景叙事《我的母亲》（老舍）、《母亲》（肖复兴），让学生明白父母之爱的博大，亲情无私，以及母爱的点点滴滴与体贴入微。母亲——"mother"是什么呢：M（many）——妈妈给了我很多很多；O（old）——妈妈为儿女操心，白发已爬上了她的头；T（tears）——妈妈为我流过不少泪；H（heart）——妈妈有一颗慈祥温暖的心；

E（eyes）——妈妈注视我的目光总是充满着爱；R（right）——妈妈总是教导我们去做正确的事情。

进入中学阶段，平时心里话很少与一向忙碌沉默的父亲交谈，《背影》（朱自清）让我们猛然感悟父爱如山般厚实伟大。父爱，伟岸如青山，圣洁如冰雪，温暖如骄阳，宽广如江海！针对高中二年级学生亲子关系与情感沟通上普遍存在的困扰与突出问题，用真情实感去叙述和演绎这些感人至深的情景故事和真实案例，以引发学生的情感触动。

第三步，情感共鸣。在第二个环节亲情感动所营造的心理氛围基础上，我们因势利导地提出"你知道吗？（主要对父母）世界上有些事情年轻时不懂珍惜，懂得珍惜时我们已不再年轻"的"启思"之问。

然后，通过情景叙事《苹果树》，把父母比喻为一棵苹果树，用一生来陪伴孩子成长，为孩子奉献出所有而不求任何回报。虽然整个故事没有出现"感恩"的字眼，但是任何一个听过这个故事的人都会明白，苹果树就像我们的父母，只管付出不求回报。最后一句话更是提醒了我们：不管我们有多么的忙碌，都要花点时间来陪陪父母。然后，给学生解读作家毕淑敏发自灵魂深处的生活感悟文章《孝心无价》：有一些事情，当我们年轻的时候，无法懂得。当我们懂得的时候，已不再年轻。世上有些东西可以弥补，有些东西永远无法弥补。"孝"是稍纵即逝的眷恋，"孝"是无法重现的幸福，"孝"是一失足成千古恨的往事，"孝"是生命与生命交接处的链条，一旦断裂，永无连接。赶快为你的父母尽一份孝心吧。

每次我跟学生讲完《苹果树》的故事和毕淑敏的《孝心无价》，当天晚上至少有一半同学会给家里打电话。以前，这个电话是每个月月末打回去的，这次提前了半个月。父母听到孩子打来电话很担心，急问："孩子，是不是出了什么事？"孩子回答："爸爸妈妈，我只想听听你们的声音。"显然，孩子已经明白了，问候有时候是比最贵重的礼物还要珍贵的道理。这个环节到了这里，我发现高二年级同学和他们父母的手紧紧地握在了一起。

第四步，共情体验。在亲情感动与情感共鸣的基础上，进行"叙事共情"体验，引导学生与家长联系实际生活事件与情景，根据情景问题，以及相应的感人故事、生活事件、真实案例进行心灵语言、口头语言、表情语言、肢体语言等互动交流，以获得在感恩父母和亲子关系上的情感沟通、心理相容、相互理解的效果。接着，用"亲情对话"，营造出一种令人为之动容的故事情景。

妈妈：儿子，如果妈妈眼睛瞎了怎么办？

儿子：我会送你去这里最好的医院治疗。

妈妈：如果这里最好的医院治不了怎么办？

儿子：我会送你去世界上最好的医院治疗。

妈妈：如果世界上最好的医院仍然治不好呢？

儿子：我会终身照顾你。

（此情此景，在场的家长和天下父母一样的动容）

妈妈：好儿子，谢谢你。

儿子：妈妈，如果我的眼睛瞎了怎么办？

妈妈：我会把我的眼睛换给你。

（话说至此，在场的所有人只有无言的感动）

——这就是子女"责任式"亲情与父母"付出式"亲情的不同之处。子女对父母充其量只是力所能及的尽职尽责，父母对子女则是不求回报的竭尽全力的付出。共情体验，让孩子真正理解和明白父母的良苦用心和亲情的无可替代。

第五步，感悟明理。这个环节，设计了两个具有互动启发意义的情景：第一个情景——"孩子：爸爸/妈妈，我想对您说……"；第二个情景——"父母：孩子，我想对您说……"。最后，为学生给他们的父母提出他们平常早就想说，但不敢说的话语——"你知道吗？（主要对父母）'都是为你好式'的唠叨不是有效的沟通方式，亲情陪伴才是最有效的亲子沟通的法宝。"

年级主题班会至此，家长们表情若有所悟，学生们展现出一吐为快的情绪。效果自然是不言而喻。

微言感悟 ◇◇◇

"重要的事情说三遍"是教师和父母教育学生与孩子的金科玉律，人们总以为只有这样才会引起学生和孩子的重视；"都是为了你好"是教师和父母经常挂在嘴边的话，人们总认为只要这样说学生和孩子就会理解他们的良苦用心。"初中是一群人的初中，高中是几个人的高中"，事实上，对于独立自主性不断增强的高中生来说，很多时候过度的重复、强调、说教，常常会让他们产生唠叨和厌烦的心理感受。关闭了心灵大门，所有的教育愿望和预设，都只能是"程门立雪"。教育的关键和真正意义，是心灵的沟通。

◇◇

"走心"一词有用心、专心、贴心、暖心以及认真、尽心尽意、全心全意的意思。把"走心"引入德育，并不是因为它是网络流行语，而是因为它的"具象性"——走心的就是让人喜爱的，不走心的就是不受欢迎的。每个人心中都有一杆"走心"之秤，以衡量和判断德育是"走离"心灵的还是"走进"心灵的，是无效的还是有效的，是虐心的还是悦心的，是受欢迎的还是不受欢迎的。长期以来，德育工作的形式主义和低效性一直困扰着人们。德育工作者渴望有效的和能走进心灵、诉诸心灵的德育方式，中小学立德树人根本任务的明确，更是强化了人们的这种心理诉求。走心德育因此应运而生。

一、走心德育的核心内涵

何谓走心德育？走心德育的内涵是什么？走心德育有哪些本质特征？

人们习惯用心灵和心智来统称人的内心精神世界，前者侧重于思想感情、道德精神和品性，后者多指智慧品质。

德育要引导学生心灵成长，首先要走进学生的心灵。只有走进学生心灵，直面学生心灵问题，与学生心灵坦然对话，才能获得学生心灵的认同，才能引导学生心灵，助力学生心灵成长。我们把这种走进学生心灵和引领心灵成长的德育，称为走心德育。

德育的使命是心灵的唤醒，走心德育的实质是对学生的心灵成长进行正面、正向、积极的价值引领。德育规范要求要符合学生心理需要，德育的目标取向要引导心灵健康成长。品德形成发展是品德心理要素——道德认知、情感、意志、行为、态度、意识等整合发展的过程。品德的德心融通发展是走心德育的前提，也是班主任工作的要点。

二、走心德育的心路历程

走心德育不仅仅是学校德育和班主任工作的一种方式，更是一种意识和理念，是贴近学生、贴近实际、贴近生活以提高教育实效的理念，是让品德形成经历从表层形式到深层内化、内生心路历程的理念，是立德树人价值导向与助人自助心灵德育理念指导下的德育新思维和实践创新模式。

立德树人的根本任务和学生发展核心素养的目标以及德育管理目标具有共同性和一致性，这为德心的整合和融通提供了前提。德育与心育在育人理念、目标、内容、课程、途径、机制建设，乃至时间安排、方式方法等方面可以相互促进、互动发展和有效整合、有机融合，为走心德育模式的创建提供了原始思路。走心德育便是这样一种以"启迪心智—唤醒心灵—激发潜能"为核心的德育新思维和心路历程，是以促进学生身心灵智的健康和谐发展为方向的德心整合创新发展模式。

班主任工作的使命是培育和助力学生成为品德与心灵的主人。教师是学生成长的心灵鼓手，以"助人自助"为基本原则的心理"教练技术"是激励学生心灵自我成长的有效方式。走心德育原理的具体应用体现在很多方面，如以增强学生的自信心，拓展学生的想象力和创造力，唤醒学生自我发展潜能的"积极心理图像"[1]技术；以正向激励性语言鼓舞学生，让他们发现可能，超越自我，成为心灵的主人的"心灵激励语"技术；以让学生感受体验与人为善的品德行为带来的价值感、成就感和愉悦感，促进品行自觉发展的"成功体验"技术；等等。

走心德育的心路历程从德育价值引导意义上来说，是入脑入心、导心导行之路。班主任应积极探索如何通过班主任常规工作，包括班级生活、班级管理、班级教育、班级文化建设、班级活动等实现德育规范更有效地对学生进行价值引领。探索走心德育心路历程，实质上是依据学生品德形成的认知"外塑—内化—

① 李季，马杰颖. 智慧：内在财富 [M]. 广州：广东人民出版社，1997.

生成—外化"规律，引导学生进行道德判断和品德自我建构。

走心德育心路历程的主要内容是学生品德形成的深层引导技术的运用，包括价值性引领、选择性引领和主体性引领技术，由外至内促进学生品德内化为品德要素的"外塑—内化"的引导技术，促进学生道德素养发展的"内化—生成"的内在生成式引领技术。

三、走心式主题活动模式

（一）班主任工作"走心思路"

"班主任是中小学日常思想道德教育和学生管理工作的主要实施者，是中小学生健康成长的引领者，班主任要努力成为中小学生的人生导师。"[1]作为学生健康成长的引领者和人生导师，班主任一方面要根据习近平总书记关于"培育德智体美劳全面发展的建设者和接班人"的教育目标和中小学立德树人的根本任务要求，以及《中小学德育工作指南》《中小学生守则（2015年修订）》等文件的要求；另一方面要根据学生身心发展特点和规律，尤其是品德及核心素养形成发展特点和规律，运用走心德育理念、原理、技术，形成班级管理和班级育人的走心思路，具有走心德育的思维模式，对班主任常规工作进行规范、科学的设计和实施，切实落实立德树人的根本任务和增强班主任工作的科学性、针对性、实操性和实效性。

班级管理与班级建设走心思路——营造心理相容、和谐共进的班级氛围，打造民主议事的班级公共生活，形成班级学习共同体与心理共同体。

班级活动设计与实施走心思路——促进学生品德内生外化，提升班级教育活动的科学性、有效性和可操作性。

班级文化创建与营造走心思路——实现"让每一面墙说话"，引导从表层装饰、陈列文化走向深层的心理、精神文化，真正发挥班级文化的显性、隐性和潜在影响功能。

班级家校沟通与合作走心思路——推动班级家校和悦沟通，同心协力，互动促进，形成同向、同步、同力的家校共育发展生态。

---

① 中华人民共和国教育部. 教育部关于印发《中小学班主任工作规定》的通知 [EB/OL]. （2009-08-12）[2020-05-11]. http://www.moe.gov.cn/srcsite/A06/s3325/200908/t20090812_81878.html.

班级生活实践与指导走心思路——变"教师立场"为"学生立场",让班级活动更贴近学生生活实际和心理需要,从而更受学生认同、欢迎,效果更加显著。

（二）班级主题活动"心路历程"

走心式班级主题教育活动,是近年来我们在中小学班主任工作创新发展中积极探索的主题班会课实践模式。主要做法是根据班主任工作的主题、目的、内容的不同,具体选择适合的"走心—导心"的心路历程。

班级主题活动是班级工作的常规内容,是班级文化形成和发展的重要载体,是班级育人的基本形式。常见的班级主题活动有主题班会课、团队会、班级文化活动、社团活动、志愿者活动等。走心德育的心路式班级主题活动,其"走心—导心"策略通常有四大实施路径①。

第一,"走心—导心"路径与道德认知"外塑—内化"心路历程。主要形式有："班级议事–自主式"主题活动,经历主体的认知心路历程为公共生活—自主参与—公民意识—主体发展；"恳谈–交流式"主题活动,经历师生思维与情感互动的心路历程为诚恳交谈—情感交流—心理相容—关系和谐。

第二,"走心—导心"路径与道德情感"内化—自构"心路历程。主要形式有："叙事–共情式"主题活动,是通过经历情绪情感心路历程,实现叙事—感动—共情—感悟—明理的品德形成的活动过程；"情景–自构式"主题活动,是通过经历德性内化—内生心路历程,实现"两难故事"—价值判断—价值认同—价值选择—自我建构的品德提升的活动过程；"世界咖啡–会谈式"主题活动,是通过经历认知内化感悟心路历程,实现跨界会谈—思维互动—交流分享—深度反思的促进品德生成的班级活动过程。

第三,"走心—导心"路径与道德行为习得"内生—体悟"心路历程。主要形式有："活动–感悟式"主题活动,是通过经历活动—参与—体验—感悟—明理心路历程,促进学生感悟明理的班级活动过程。"团建–体悟式"主题活动,是通过参与团建活动体验心路历程,实现体悟明理的班级活动过程。

第四,"走心—导心"路径与认知拓潜"内生—外化"心路历程。主要形式

① 李季.走心德育：品德形成的深层引导［J］.中小学德育,2017（02）：5-9.

有："NLP（Neuro-Linguistic Programming，神经语言程序学）—教练式"主题活动，是一种沿着神经语言以及思维与行为模式，通过助人自助的方式促进品德内生—外化心路历程的班级活动过程，班级活动走心的基本过程是：语言引导—发现自我—激发潜能—感受成功—体验价值—积极行为。"真人图书-对话式"主题活动，是一种通过对话交流—榜样认同—反省明理心路历程，提升学生的道德情感和品德人格的班级活动过程。

（三）班主任工作"心智模式"

在中小学德育和班主任工作中，我们把班主任工作"心智模式"定义为：班主任运用现代德育原理和科学心理学技术有效开展班级管理、主题班会、心理教育、师生沟通、家校共育等工作的思维与行为模式。具有新时代班主任工作心智模式的班主任，更能成为专业型、智慧型班主任，成为学生健康成长的人生导师。指导和帮助班主任在班级管理等工作实践中发展心智模式，并通过班主任积极指导家长加强亲子教育的心智模式，是新时代家校共育的使命。

新时代班主任工作心智模式，实质是探索班主任工作走进学生心灵、发展学生心智、引导学生成长的创新发展模式，模式内容包括心智模式原理、技术和实施三部分。

1. "叙事-体验式"班主任工作心智模式

"叙事-体验式"班主任工作心智模式原理：走进心灵进而引领心灵成长。走进学生心灵，首先要了解学生心理特点和洞察学生的心理需求，其次要选择适合而富有实效的内容、载体、途径和方式方法。

"叙事-体验式"班主任工作心智模式技术：了解不同学段学生心理特点，成为学生成长的"心理同龄人"，寻找走进学生心灵世界"共同语言"的通道；洞察学生的心理诉求，破译学生思想、道德、情感深层的心灵密码；运用共情效应、教练技术等心理学原理技术，积极唤醒学生心灵自觉，引导学生心灵自主成长。

"叙事-体验式"班主任工作心智模式实施："叙事德育""具象德育"。主要做法及操作要点：运用情景故事或具体案例、现象，对学生进行情感唤醒，引发学生对情景故事、案例、现象等经历"感受—感动—感悟"过程，通过"事""象"引发共情来促进学生感悟明理。

叙事德育是一种以"故事共情—叙事明理"为核心的德育方式。教育者要叙述具有教育和启迪心灵成长意义的故事，例如，通过叙述成语故事、历史故事、生活故事、情理故事、伦理故事、哲理故事等，将道理转化为故事，以事说理；把说理转化为叙事，叙事明理。叙事德育以"叙事育人"为宗旨，遵循"共情—明理"的原理。由于易于实行，效果明显，且动人心弦和感人至深，所以叙事德育深受一线教师特别是班主任的喜爱和学生的欢迎，常常被誉为"草根德育""美丽德育"。我们把叙事德育称为"走进心灵的智慧"①和"拨动情弦的艺术"②。

具象德育是一种以"生动具象—丰富想象"为核心的德育方式。教育者根据中小学生思维方式由具体形象思维向抽象逻辑思维过渡发展的特征，利用形象思维的生动形象与可感性特点，通过绘本、漫画、卡通、沙盘游戏、思维导图等原型呈现或具象聚焦的方式，把抽象、生硬的德育规范和要求具象化为生动活泼、亲切可感与可视化的具体形象内容和真实鲜活形式，"具象—想象"德育，可以激发学生的想象力，引发联想思维，唤醒心理图像，让学生产生一叶知秋、一图胜万言、心有灵犀一点通与心领神会的道德感悟。

2. "活动-走心式"班主任工作心智模式

"活动-走心式"班主任工作心智模式原理：引导心灵的实质是促进学生品德自我构建。学生品德自我构建的核心是品德内化与生成，促进学生品德内化与生成的核心是深层价值引领，引导学生品德自我构建需要适合的方式方法。

"活动-走心式"班主任工作心智模式技术：学生品德形成的深层引导技术，包括价值性引领、选择性引领和主体性引领技术；"外塑—内化"的从外至内的引导，促进学生品德内化为品德要素；"内化—生成"的内在生成式引领，促进品德素养深层发展。

"活动-走心式"班主任工作心智模式实施："活动-体验式"德育。体验德育是一种以"情感体验—认知感悟"为核心的德育方式。教育者通过跑操、露营、游学、团建、历奇、游戏、情景剧等各种健康有趣、娱乐身心而富有教育意义的活动，让学生在玩乐中成长，在参与过程中获得情绪感受、情感体验以及认知感悟，从而促进品德的形成和发展。

---

① 李季. 叙事德育：走进学生心灵的智慧［J］. 小学德育，2009（06）：6-8.
② 李季. 拨动"情"弦：有效德育叙事的艺术［J］. 小学德育，2009（08）：6-8.

"活动-走心式"德育有三种心路历程：第一种是体悟式——以在活动中体验，在体验中感悟，在感悟中明理，在明理中引导行为品德形成的心路历程；第二种是演悟式——以在情境中扮演（角色），在扮演中体验（情感），在体验中感悟（道理），在感悟中升华为品德形成的心路历程；第三种是互感式——以在活动中交流，在交流中沟通，在沟通中互动，在互动中感悟，在感悟中成长为品德形成的心路历程。相对于传统德育的灌输说教和述而不作，体验德育特别是"小活动大德育"[①]"小活动大体验"的体验德育是一种富有实效并深受欢迎的德育模式。

3."教练-走心式"班主任工作心智模式

"教练-走心式"班主任工作心智模式原理：教练技术与走心德育。教练技术是通过赋能激励来唤醒心灵自我拓潜、助人自助的心理原理和方法。[②]走心德育是引领学生心灵自我成长的德育模式，在这个模式中，教育者以助人自助为基本原则激励学生心灵自我成长。教练技术与走心德育模式有异曲同工之妙。发展班主任工作的"教练-走心式"心智模式，目的是让班主任成为新时代的教练型班主任，学会运用教练技术来开展班级管理、主题班会、心理教育、师生沟通、家校共育等工作；运用教练技术激发学生内在的潜能，走进和唤醒学生心灵，让学生找到并运用适合自己的方式，使得学生自主成长为更好的自己；帮助家长提升成为教练型父母的能力。

"教练-走心式"班主任工作心智模式技术：成为学生成长的"重要他人"[③]，运用正念心理图像技术指导学生成长[④]。正念心理图像技术指教育者激发和唤醒学习者用头脑中的美好图景想象未来，用自信形象想象自己的心理方法。教练技术和正念心理图像技术都要求教育者做学生成长的心灵鼓手和"重要他人"，通过语言激励鼓舞学生，让他们发现可能，超越自我，成为心灵的主人；用成功体验法引导他们品德行为"内生—外化"，让学生感受、体验与人为善的品

---

① 李季，梁刚慧，贾高见. 小活动大德育：活动体验型主题班会的设计与实施［M］. 广州：暨南大学出版社，2012.

② 李季. 心理教育应用于学校德育的意义、原则与路径［J］. 中小学德育，2015（04）：22-26.

③ 李季. 第四教育力营造与第一影响源重构：论家校合作共同体建立与协同育人模式构建［J］. 中小学德育，2018（01）：11-15.

④ 李季，马杰颖. 智慧：内在财富［M］. 广州：广东人民出版社，1997.

德行为带来的价值感、成就感和愉悦感，促进品德行为的自主自觉性发展。

"教练-走心式"班主任工作心智模式实施：心灵教练情景剧排演与教练型沟通程式对话。[①]在"小体验大素养"主题活动设计中，"小体验"主要是通过角色扮演的心理剧方式，让学习者在角色互换体验中感悟成长，通常经历"角色体验—心智唤醒—潜能激发—自我改变"的心路历程；"大素养"主要是通过"建立亲和—深度倾听—导向未来—互动成长"的方式达到有效交流的目的。其中，建立亲和是相互信任氛围和关系的营造；深度倾听是以对方为重的友好、尊重的聆听和交流；导向未来是"以终为始""以的为矢"——以目标结果为动机激发和引导行为的方式；互动成长则是"教练-走心式"班主任工作和家校积极共育的目的所在。

要点回顾

1. 让品德形成经历知、情、意、行的心路历程，是走心德育的基本原理。
2. 活动—体验—感悟—生成是走心主题活动的心路历程。
3. 寻找班级、团队、家校共育主题活动的心智模式。

一题思考

怎样指导家长帮助孩子通过体验获得和形成"习得性成功"的经验，消除"习得性无助"的思维定式？（检测家庭教育和家校共育的原理与方法）

---

① 梁慧勤. 走进生命的教育：教练型班主任专业修炼［M］. 上海：华东师范大学出版社，2016.

第五章　体验学习

——感悟成长原理

　　从素质构建的意义看，知识能力、价值观念、思维方式、道德行为、人格品质等素养都是一种因经验而获得的"习得"结果，而在这一过程中以感悟明理为中心的体验式学习，是最为常用和富有实效的"习得"方式。从小体验到大素养的感悟成长之路，是家校共育主题活动设计与实施的体验学习指导原理。

学生核心素养生成和发展的实质，是素质的自我构建和自主发展，体验学习是实现从体验到素养生成和发展的有效方式。

情景案例

"沸点教育"模式

"后进生"通常是学习的困难者，学业困难产生的习得性无助，往往导致他们自信心不足和产生严重的自卑感。他们基本上放弃了学习，他们的家长通常也放弃了他们在学习上取得好成绩的希望。如果作为他们唯一希望的班主任也放弃他们的话，他们就会彻底地不再学习。

阳海华（广东省名班主任工作室主持人）："后进生"教育是高中教育尤其是中职教育的"老大难"问题，付出多回报少。作为班主任和学科老师，我整体忙于事务性管理，做得很细致但没有方向感，找不到自己的"紫牛"（特色），有时似乎走进了瓶颈。常常为此产生无力、无助感。

李季：与由观念到观念转化的知识记诵为主的课堂教学效果相比较，学生品德行为的形成和发展要从观念到信念、信念到信仰、信仰到品格的内生外化的转化生成和从他律到自律、自主、自觉的复杂过程。因此，教育工作确确实实具有效果的滞后性、影响的复杂性、过程的长期性、改变的反复性等特点，而这些特点也正是学生思想教育工作的规律。教育和转变学生尤其是后进生，如同煮开水要100℃才沸腾——这是沸点原理。

班主任需要经常反思经验，诊断症结，理清思路，寻找原理，以消除迷茫。感悟明理，原理通则百通。这也是班主任专业成长的沸点效应——不妨基于沸点哲学原理，构建"沸点教育"模式。

体验由量变到质变的渐变到突变过程，是"沸点教育"模式的关键。

微言感悟 ◇◇

　　班主任是学生成长的人生导师，是班级家校共育的指导者，对许多看不到半点星光乃至早已经放弃了学业希望的"后进生"及其父母来说，班主任是他们最后的希望所在。用"守望麦田等待花开"的耐心，用"爱所不能仍旧爱"的坚定，用不抛弃不放弃的精神，用孕育生命的有温度的"37.2℃教育"[1]，帮助他们克服"短板心理"，改变"习得性失败心态"，用"小步子技术"（一点一点实现目标）让后进生一步一步走向成功。

◇◇

一、体验感悟是有效学习程式

　　体验是指人在亲身经历生活时的情感性心理感受、感悟及形成印象的过程，是人在经历生活情景变化、世事变化、世物变迁时的态度感受和心绪语言表达，是人的生活情景或人生阅历留在记忆深处和生命长河里的印记，是生活经历在心灵海洋流动时溅起的感触、感受、感动、感悟、感怀的浪花。

　　心理体验过程给人们留下经验印记以形成知识、能力和情感等素养，因此体验是一种学习形式。在学习心理学中，体验式学习（Experiential Learning）是最基本的学习形式，是学习主体通过生活或活动过程，获得知识经验或自我提升的一种学习类型和学习方式，是一种以体验与感悟为基本经历的经验习得的心路历程。[2]

　　体验式学习是个过程，是从直接认知、欣然接受到尊重和运用当下获得的知识及能力的过程。学习者在体验学习时，只有全身心地投入学习，才能获得真正的体验感悟和素质生成。

　　学校德育实践中的学工、学农、学军，调查、访问、团建、历奇、探险、露营、拉练，班级活动、户外活动、社团活动、志愿者活动、社会综合实践、"变形计"活动等，采取的都是体验学习的方式，往往印象深刻，效果显著，即使时光流逝，依然历历在目，让人难以忘怀。

　　学校德育常常被认为是"假大空""软、浮、虚、乱、散"。种种问题，与

---

　　① 广东省名班主任工作室主持人李上青倡导"37.2℃教育"。
　　② 黄天中.生涯规划：体验式学习［M］.北京：高等教育出版社，2009.

重说教、轻体验不无关系。

美国学者埃德加·戴尔于1946年提出了"学习金字塔"（Cone of Learning）的理论①。以语言学习为例，在初次学习两个星期后：阅读能够记住学习内容的10%，聆听能够记住学习内容的20%，看图能够记住学习内容的30%，看影像、看展览、看演示、现场观摩能够记住学习内容的50%，参与讨论、发言能够记住学习内容的70%，作报告、讲给别人、亲身体验、动手做能够记住学习内容的90%。显而易见，体验式学习是一种有效的学习方式，也是一种行之有效的德育方式。

（一）体验式学习的理论

体验式学习理论是整合美国教育家杜威的"在做中学"、心理学家罗杰斯的直接经验学习、社会心理学家大卫·库伯的"体验式学习圈"、认知心理学家皮亚杰的"发生认识论"等理论发展而成的。

体验式学习起源于英国的"冒险教育"，后被美国教育家杜威发展成为一套经验学习的实用教育理论。德国教育家柯汉在1941年创立了户外冒险学校（Outward Bound School），它以重视经验主义和自然主义的方法，通过体能与心灵的挑战，发展学生的内在潜能，进而建立学生的自信和正向的自我形象。我国教育家陶行知师承杜威"学校即社会""在做中学"理论，并根据我国国情提出"生活即教育""教学做合一"思想。

美国心理学家罗杰斯认为体验式学习是"直接经验＋情感体验"。大卫·库伯在杜威、罗杰斯体验式学习的基础上，在其代表作《体验学习——让体验成为学习与发展的源泉》中提出了"学习圈理论"。②他认为学习是经过体验转化获得知识的过程。

"学习圈理论"把学习过程分为两个基本结构维度：领悟维度和改造维度。领悟维度包括两个对立的掌握经验的模式：一是直接领悟具体经验；二是间接理解符号代表的经验。改造维度包括两个对立的经验改造模式：一是通过内在的反思；二是通过外在的行动。经验学习过程是不断的经验领悟和改造过程。

① 臧青. 运用学习金字塔理论 改进高中数学教学［J］. 数学教学，2011（05）：8-11.
② ［美］大卫·库伯. 体验学习：让体验作为学习和发展的源泉［M］. 王灿明，朱水萍，等译. 上海：华东师范大学出版社，2008.

（二）体验式学习的特点

体验式学习的"学习圈理论"，核心是"学习循环模型"——由四个适应性学习阶段构成的环形结构。体验式学习有四个步骤：亲身体验——学习者完全投入一种新的体验；观察反思——学习者在停下的时候对已经历的体验加以思考；总结领会——学习者必须能理解所观察的内容并且吸收它们，使之成为合乎逻辑的概念；实践应用——学习者验证这些概念并将它们运用到制订策略、解决问题之中去。①

我们认为，体验式学习"学习圈理论"四个步骤的本质：一是直接领悟具体经验；二是间接理解符号经验；三是通过内在反思领悟改造经验；四是通过外在行动领悟改造经验。

人们一般把学习方式分为"学得"和"习得"。与传统学习注重"学得"的特点相比，体验式学习的特点在于"习得"。传统学习的核心是"学"——强调知识的传递，概念、理论、方法从一个人传递给另一个人；体验式学习的核心是"习"——注重通过实践，在行动中通过感受来检验学到的概念、理论和方法，在体验中觉察自己的信念，从而发现自己人生更大的可能性，以"习得"不断提升能力。

传统学习关注的是外在的学习，即学习者被动地接受式学习；而体验式学习更关注内在的学习，即学习者通过体验活动学习有用的知识。正因为如此，传统学习以教师为中心，而体验式学习以学生为中心。我们认为，要使学习有效，学习的主体必须是学生而非教师。

（三）体验式学习的应用形式

体验式学习在学校教育教学实践中有广泛的应用价值和意义。尤其是实施新课程理念后，学科课堂教学和主题班会课都注重融入体验式学习原理，以增强教学效果。新课程目标理念强调知识与技能——每门学科的基本知识和基本技能；强调过程与方法——让学生了解学科知识形成的过程、亲历探究知识的过程，学会发现问题、思考问题、解决问题的方法，学会学习，形成创新精神和实践能力等；强调情感态度与价值观——让学生形成积极的学习态度、健康向上的人生态

---

① ［美］大卫·库伯. 体验学习：让体验作为学习和发展的源泉［M］. 王灿明，朱水萍，等译. 上海：华东师范大学出版社，2008.

度，具有科学精神和正确的世界观、人生观、价值观，成为有社会责任感和使命感的社会公民等。^①新课程目标理念与体验式学习亲身体验、观察反思、总结领会和实践应用四个步骤相融合，亲身体验产生情感、态度；观察反思形成知识、方法；总结领会建构价值观；实践应用形成过程（经验）、技能。

我们以"活动体验—感受感悟—素养生成"为体验学习的基本活动程式，探索构建"寻找创意性创新活动形式—引导学习者认知认同、情感共鸣、感悟明理—促进学习者素养自我建构、自主生成"的心路历程，总结提炼出"叙事德育""体悟德育""走心德育"等具体德育与主题班会课创新发展模式^②，"小体验大素养主题活动"主要是基于这一探索成果来设计与实施的。

多年来，在指导中小学德育工作实践和名班主任工作室主持人及成员开展提升德育和班主任工作实效性校本或班本研究和特色课程开发时，我们提供最符合中小学校本和班本研究需求的体验式学习应用形式——特色活动主题 = 形式途径载体 + 体验感悟内容。基本做法是：学校、年级、班级及各级家委会，通过组织学生或亲子参与各种体现德育和班级主题教育内容的活动课程，尤其是需要通过感性丰富理性、具象理解抽象、直接经验支持间接经验、理论联系实际、实践充实原理的体验性课程，以指导、帮助他们选择最适合校情、班情、学情的课题开展行动研究和实践探索，从而获得真实体验并实现从体验到素养的转化。行动研究和实践探索以问题就是课题、行动就是研究、成长就是成果为基本研究模式，比较适合一线中小学开展课题研究的实际。

以下是我们结合体验式学习"亲身体验—观察反思—总结领会—实践应用"四步骤原理提出的校本和班本体验学习基本应用样式。

1. 亲历式实践体验学习

依据"亲身体验"环节，设计、组织各种需要通过亲身经历验证、帮助理解和加深印象的实践性主题活动，如学工学农活动、综合性社会实践活动等，让学习者在亲身经历真实事件的过程中，直接领悟具体经验，产生真情实感，从而习得成长。

① 项丽娜. 体验式学习理论及其对成人教育的启示 [J]. 中国成人教育，2017 (03)：12-14.
② 李季. 走心德育与走心式班主任工作 [J]. 江苏教育，2018 (87)：6.

2. 模拟式情景体验学习

根据"观察反思"环节，创办通过模拟、想象以实现联通真实生活实际的情景性主题活动，如心理情景剧、模拟法庭主题教育活动等，学习者在象征性、模拟性情景中间接理解符号经验，从而获得真实的提升和素质发展。

3. 构建式走心体验学习

依据"总结领会"环节，在课堂教学、德育活动、主题班会、心理教育、家教课程中，遵循品质素养生成的"自我构建"原理，实施具有内在生成、体悟成长生态意义的"预构—导构—自构"的主题活动，其中"预构"是学习者的学前准备；"导构"是教育者对学习者的启发和引导；"自构"是学习者体验、感悟后的自我构建，实现"在情景中体验，在体验中感悟，在感悟中成长"的走心式素质体验生成的目的。①

4. 拓展式实训体验学习

体验学习源自户外拓展和拓展式训练，根据"实践应用"环节，设计和组织实施通过各种促进潜在能力和实际能力发展的赋能实训主题活动，如户外拓展、体能训练、智能拓展、历奇游戏、研学旅行等，使学习者通过外在行动领悟改造经验，提升能力素养。

二、体验学习素养生成之路

（一）体验是一种内在学习模式

体验学习是以体验与感悟为基本经历的经验习得方式，是一种内在学习模式。一般有四种类型：

认知体验式内在学习。学习是基于体验形成体悟、升华经验的过程，对真实世界中的感知体验进行回顾与反思，把理论分析或理论模型放到实践中检验。

情感体验式内在学习。影响学习效果的最重要因素是情绪唤醒事件，个体对情绪唤醒事件的认知评价，便是情感体验式内在学习。

意志体验式内在学习。体验往往是一种全身心投入的习得性学习活动历程，往往需要意志的支持。

---

① 李季. 主题班会课的生态德育原理与发展新样态［J］. 中小学班主任，2018（06）：24-27.

行为体验式内在学习。先实践操作，然后对结果进行反思，最后将反思付诸行动，在行动中修正。

以班主任德育工作体验活动为例。一位名班主任在谈到活动体验德育时说："我总是以'告诉'的形式进行德育，其实我想告诉学生的道理，他们都懂。尽管我苦口婆心地告诉他们要感恩、要惜时，但他们听不进去。我陷入了困惑，问题在哪里？体验式德育原理让我意识到，以说教为主的'告诉式'和'输入式'德育只是表层的信息，从学生耳朵中流过，从学生知识储备中流过，却并没有被学生加工内化，自然不会产生深刻的感悟。学生的品德形成只停留于知识的构建，缺乏情感体验和认知感悟，从而妨碍了从道德知识到道德观念和道德信念的转变。"

作为教育者，我们不能替代学生去感悟他们经历的情景和事件。要想真正改变学生的认知，就需充分发挥学生的主体作用，调动学生参与体验的积极性，鼓励学生在体验的基础上积极感悟、内化、升华。

（二）体验学习是素质生成的心路历程

体验学习在课堂教学和主题活动中，一般经历激发兴趣、实践感受、体验内化、强化反馈等阶段。在这一过程中，"体验—感悟—反思"是体验学习的心路历程。根据实践探索，我们发现这一心路历程通常有三大实施途径：一是活动式体验途径，主要经历"游戏活动—生活感受—感悟明理"过程；二是认知式体验途径，主要经历"认知感悟—情感认同—行为转化"过程；三是情景式体验途径，主要经历"情景感受—情绪体验—感悟升华"过程。[1]

遵循学习者体验生成素养的心路历程，我们在组织家校积极共育主题活动时，自觉沿着"体验—走心"的素养生成思维导图进行内在逻辑生态式的设计和实施，关注"发现问题—讨论问题—解决问题"三个环节的程序结构；注重素养生成的"知、情、意、行"四个层面的联通；注重"认知调整—情感陶冶—意志砥砺—行为实践"的培育；注重"他律—自律—自主—自觉"品质的养成；注重"预构—导构—自构"素养生成方式及培育之路。

① 李季. 走心德育：品德形成的深层引导［J］. 中小学德育，2017（02）：5-9.

（三）体验学习以学生为活动主体

体验型走心式主题活动是以学生为主体的新型班级教育活动，它打破了传统的说教式班级活动模式。传统的说教式班级活动往往以教师为主体，教师掌握着课堂的话语权。学生在课堂上往往是被动听讲的角色，对班会课毫无兴趣，认为它只不过是班主任在讲大道理，班级活动效果自然不理想。

体验型走心式主题活动以学生所关心的问题为导向，运用心理学倾听技术了解学生的想法，运用心理辅导技术引导学生思考和反思，营造平等、尊重、自由的和谐氛围，促使学生自我成长。学生在活动中勇于与同学进行互动、讨论、交流，表达自己的想法，倾听他人的想法，自主发现自己和他人的不同观点，从而解决自身的实际问题和内心困惑。不仅如此，在班级或小组中的发言被倾听和认可之后，学生还可以获得个人价值感和集体归属感，为班级的文化建设做好铺垫，为建设文明和谐的班级奠定基础。

三、体验生成主题活动设计

体验型走心式主题活动为学生核心素养的培养提供了途径。集体活动是班级管理的重要手段，也是实施思想品德教育的主要阵地。传统的集体活动是以教师讲授为主，有的班主任甚至误把集体活动当作批评教育学生的"专任课"，引起学生的误解，令学生产生对集体活动的厌恶感，长此以往，必然造成不良的影响。而体验型走心式集体活动符合学生身心发展特点，能够充分调动学生的主观能动性，在培养学生的核心素养中起着重要的作用。体验型走心式集体活动有以下三个主要特点。

（一）体验型走心式主题活动的关键是体验感悟

体验型走心式主题活动是以设计大量有针对性的体验活动为载体的课堂组织形式。它注重学生参与活动后的感受和反思，遵循参与—体验—反思—整合的学习模式。这种学习模式能有效地调动学生的积极性，提高学生的参与感，并能通过及时反思和整合进行思想体系的自我建构。

体验感悟是体验型走心式主题活动的关键环节。学生带着兴趣参与活动，通过活动的分享及感悟反思自己学习生活中的不足，这种走心式的分享更能触动学生的心灵世界，更有利于他们的成长。

（二）体验型走心式主题活动具有情景性与即时性

体验型走心式学习知识的获得途径主要是参与体验活动之后的感受分享，所以它具有一定的情景性和即时性。体验型走心式学习往往是在活动的过程中，教师通过引导，引发学生的情感体验和心理共鸣，引导学生分享和交流，并通过对学生发言的总结、归纳和升华，让学生获得课堂上即时产生的知识、经验和心灵感悟。

在体验型走心式学习过程中，学生始终处在主动参与的状态，每个学生的收获不仅与自身的参与程度、成长经历有关，而且受到其他同伴的思考深度及领悟能力的影响，与当时班级的气氛及教师的带领和引导能力也密切相关。

（三）体验型走心式主题活动对教师的要求

教育者在传统教学中一般被称为教师，或者讲师，而在体验型走心式教学中一般被称为导师。为什么不叫教师或讲师呢？因为传统教学中主要是教师讲授过往的知识经验，更多的是强调讲授、表达和输出。而体验型走心式主题活动中，导师主要是创设情境和体验过程，具体经验主要在活动过程中产生。所以在体验型走心式教学中，引导者跟原来的教师就不一样了，导师需要完成三大角色。

第一，项目设计者。导师要学会如何设计一个项目、一个活动甚至一个课程流程，这是体验式学习导师的基本技能。

第二，活动带领者。体验型走心式主题活动的导师与其他学习中的教育者最大的不同在于体验型走心式主题活动的导师是活动的带领者。应该设计什么样的活动，需要多少活动，以及哪些活动适合学习者，这些都是导师需要考虑的。所以，导师在活动带领中所需要的技能要求比较高。而且很多时候，体验学习是一个半开放系统，导师没有办法按照事先设计的教案来带领学生完成活动。导师必须在活动过程中依据学习者当下的状况随时调整活动内容，或者在产生学习经验的时候，要依据学习者当下的感受来引导和启发。这对导师来说要求比较高，比较难以把握，这也是导师与传统教师角色的核心差异。

第三，团队引导者。作为体验学习的团队引导者，导师不仅要了解团队发展的心理历程和团体动力的发展过程，还必须具备相关的引导分享技能，例如一些基本的对话技能、基本的流程引导技能、开放式的提问技能、4F（Facts，过程回顾；Feelings，深刻感受；Findings，启示发现；Future，前瞻应用）的引导技巧等。

在家校积极共育的体验型走心式主题教育活动的实施过程中，导师重点要让学生家长领悟到自己在家庭教养方式或者亲子沟通交流方式上存在的问题，注重激发学生家长家庭教育责任感和自我提升的意愿和决心；与此同时，导师要引导学生家长营造和谐的亲子沟通的情感氛围和亲情氛围，通过不断练习来提升亲子沟通的技能技巧。

📖 要点回顾

1. 体验是生活经历的感悟，体验感悟是一种有效的学习程式。
2. 体验是内在的学习形态，体验学习是素质生成的心智模式。
3. 体验以活动为基本载体，体验活动是素养生成发展的有效途径。

📖 一题思考

如何指导父母正确认识家庭生活方式和教养方式对孩子一生发展的重要意义？（检测家庭教育与家校共育指导基本知识、观念）

第六章 践行养成

——积极共育原理

"主题活动—体验感悟—走心导向—素养生成"是积极共育主题活动实施过程和学生素养生成的心路历程。[①]小体验大素养走心式积极共育主题活动是有目的、有计划、有组织的设计、实施、操作程式。主题活动是素养生成的载体，体验感悟是素养内生的方式，走心导向是素养发展的途径，积极共育是促进学生素养"践行养成"的实施技术原理。

---

① 李季. 让德育走进心灵：走心德育理论与实践 [J]. 中小学德育，2017（02）：4.

学生核心素养生成与发展，是教育影响和自我构建的结晶，更是师生素养共生发展的融合，走心式积极共育主题活动是达成这一融合目标的实践行动。

情景案例

班级里的"透明人"

"我是一名中等生。老师把关注的目光都给了后进生，希望的眼神又全停留在优等生的身上，我感觉很寂寞。每当孤独地坐在角落里望着老师给后进生耐心地讲题时，我就很嫉妒！假如老师也能单独给我讲讲什么，哪怕是轻轻地问一声：'你哪儿不会？'我也会感到我是学校里最幸福的学生……"

问题：如果你是班主任，怎么对待中等生？

——这是我根据一名"中等生"写的信，为班主任专业能力大赛情景答辩环节出的一道题。

设置情景答辩环节的第一个目的是，看比赛选手的班主任工作专业理念和能力素养。

选手回答情景答辩问题一般有三个步骤：首先是准确定性——判断及分析，回答是什么；其次是明确定策——思路及原理，回答为什么；最后是正确定法——做法及依据，回答怎么做。情景答辩可以体现一个班主任的关注点、专业水准和班级育人观点立场。选手回答问题的思路：判断—策略—方法的关注点一般是班主任专业素养聚焦点。指导选手提升专业素养，关键是要落实在关注点上——关注点表达班主任的情感态度；关注点表明班主任的理论修养；关注点表征班主任的知识能力；关注点表露班主任的角色立场；关注点表现班主任的专业水准。

设置情景答辩环节的第二个目的是，看选手应用原理分析情景问题和解决实践问题的育人意识和教育智慧。

如何分析：在自卑感与自信心之间徘徊但渴望被关注。

指导理念："努力让每一个孩子都享受公平而有质量的教育"；心理健康教育的"助人自助"原则。

对待策略：给予阳光、关注，让他自己灿烂起来。

然而，在实际工作中，虽然我们采取的是"抓两头促中间"的教育教学策略，但是由于为了优等生出成绩我们倾注全力，为了后进生不出状况我们为数不多的一点精力全部用在他们身上。渐渐地，"抓两头促中间"变成了"抓两头丢中间"。久而久之，这些不出成绩又不出状况的中等生就成了班级中的"透明人"。

微言感悟 ◇◇

中等生是班级和课堂上常常被忽视的大群体。他们的心态是比上不足比下有余，不自卑但也不自信，常常徘徊在自卑与自信间，但他们没有放弃自己。只要给一点点关爱的阳光，他们自己就会灿烂起来。多一点关心、关怀、关爱，关注中等生！

◇◇◇

一、积极共育主题活动设计思路

走心式积极共育主题活动研究与实施，首先要根据"核心素养""走心德育""积极心理""家校共育"等理论和原理进行整体构想和设计，具体设计思路需要考虑的要素包括下列内容。

在全面发展核心素养导向上，基于"发展为本"的核心素养教育原则和中小学"立德树人"根本任务的要求，设计具有正确思想指导、先进理念引领、科学内容结构、专业逻辑规范、校本班本特色、自主成长取向的主题性教育活动课程体系。

在发展素质教育取向上[①]，以"中国学生发展核心素养"六大方面培育目标内容为取向，整合横向层面核心素养发展的十八项基本要点和纵向层面小学、初中、高中三个学段的不同目标要求进行交汇性内容设计，构建积极共育主题活动体系，促进学生发展核心素养生成系统。

在素养生成促进形式上，基于"德性内生""体验学习""积极心理""素

---

① 余慧娟，施久铭，董筱婷. 新时代如何发展素质教育［N］. 中国教育报，2018-03-04.

质养成"等原理，将相关技术、方法应用于班级主题活动，如主题班会课、班队会课、班集体活动课、心理健康教育课等内容和过程的设计与实施，以增强主题活动课程的科学性、专业性、可操作性，促进学生素养生成发展的自主性、养成性、实效性，促进学生发展核心素养自主养成的活动教育模型的创建。

在主题活动课程积极共育模式上，基于走心式小体验大素养生成指导和家校积极协同共育两大原理，交汇形成由"共育原理导图"和"素养生成指导"两部分构成的"走心式积极共育主题活动"体系，形成主题贯通、内容融合、形式衔接、相互呼应的小学、初中、高中一体化走心式积极共育班级主题教育活动课程模式，包括主题班会课、班集体活动课、班队会课、心理健康教育课等课程体系模式。

在遵循学龄心理特点规律上，基于小学、初中、高中学生年龄心理特点和学生品德形成"内生—外化"路径及品德发展"他律—自律"规律，整体设计系统促进不同年龄段学生素养生成和发展的活动主题内容和实用形式，深入推进中小学生品德和综合素养的发展。

在坚持思想教育"三贴近原则"（贴近实际、贴近生活、贴近未来）上，突显班级主题性教育活动，包括主题性课程（如主题班会课、班集体活动课、班队会课、生命安全课、心理健康教育课）和主题性活动（如团体心理健康活动、社团活动、义工活动、社会实践活动、校园文化活动等），强化"活动课程"的"体验生成"特色和活动育人实效性。

在主题活动实施过程中，基于近年来我们一直在中小学班主任工作尤其是主题班会课实践上倡导的"让素养品质形成发展过程经历知、情、意、行心路历程"的走心德育原理，结合积极共育的主题活动特点，最大可能地达成班级主题教育活动的共育共生、互动促进、共同成长的走心式积极共育理念效果和特色意图。

在主题活动实施效果上，基于从预设性教育到生成性教育的素养有效转变程式思考，注重德育与心理教育整合融通、相互促进的效果，注重学生发展核心素养体验感悟和活动生成的效果，注重学生品德素养形成发展自我构建、自我促进、自主发展，努力实现通过主题活动让学生素养自主性生成，从而真正成为自己心灵主人的效果。

在活动性主题教育特色亮点上，基于体验与活动生成的活动课程教学特质，力图使活动教育主题、思路、目标、内容、形式、过程等要素与高中生的认知、情绪、个性、品德等心理特点紧密结合，努力站在高中生的立场上，满足高中生的心理需求，设计出具有游戏性、生动性、具象性、创意性、趣味性，富有体验性、感悟性、合作性、互动性、生成性的活动程式，以求实现把有意义的事情变得有趣的活动性教育艺术效果。

在班级积极共育主题活动创生发展上，基于"在活动中参与，在参与中感受，在感受中体验，在体验中感悟，在感悟中成长"体验学习原理，探索"活动—参与—感受—体验—感悟—成长"的小体验大素养走心共育主题班会课和班主任工作生态发展模式①，是我们实践创新的方向，也是本书的重点、难点以及真正的价值所在。

二、积极共育主题活动实施策略

实施策略是积极共育主题活动的实践智慧与线路图。小体验大素养走心式主题活动的形式是多样的，例如游戏体验、演讲、辩论赛、唱歌、朗诵以及现场实验。它的场地可以是教室，也可以是校内篮球场、田径场、空地等，甚至可以是校外的公园草地、公共广场等。但无论形式和场地如何变化，都要通过积极共育主题活动实施策略来达成活动课程的目的。常用的实施策略有活动参与–体验成长、分享体验–反思感悟、价值澄清–信念提升三种。

（一）活动参与–体验成长策略

传统的班会课大多以班主任为主导，班主任事先设计好教学目标，然后对学生进行认识的纠正和道德或纪律的教导，班主任往往是居高临下地对学生进行教育或训斥。在整个德育过程中，学生处于相对被动的位置，缺乏主动参与和心灵联结的过程，教育的效果因此而大打折扣。走心式主题活动课的活动主体是学生。学生的主体性首先表现为体验活动的参与者是学生；其次表现为活动分享以学生发言为主，导师在活动当中仅起承上启下、穿针引线的作用；最后表现为课堂的结论往往是由学生自我探索后的思考发言汇集而成，是课堂生成性的教学成果。

————————
① 李季. 走心德育：品德形成的深层引导 [J]. 中小学德育，2017（02）：5-9.

走心式主题活动通常以游戏活动为载体，注重学生内在核心素养的培育和外在积极行为的养成，全面促进学生积极成长。具体表现为活动目标的多元化，如"大风吹"这个游戏活动，它既可以训练学生的反应速度和协调性，又可以锻炼学生的注意力，还可以通过身体的移动起到强身健体的作用，在这过程中还可以培养学生的表达能力、合群能力和规则意识等，这些都是促进学生积极成长的重要因素。所以导师在组织走心式班级教育活动时，要注意保持欣赏和鼓励的态度与学生互动，挖掘走心式活动中的积极成长因子，鼓励学生参与体验和进行内在探索，提供足够的交流、分享和思考的空间，以促进学生积极成长。

（二）分享体验–反思感悟策略

走心式班级教育活动（主题班会课、班集体活动课、班队会课、心理健康教育课等）主要是通过活动后的分享和反思来达成育人目标，在分享和反思之前往往会借助大量独特的游戏活动来增强学生的体验，但丰富多彩的游戏活动仅仅是个载体，活动后的分享和反思才能触动心灵。一个成功的分享方法是用连贯性的问题聚焦学习经验的分享。在分享经验的过程中，导师应该引导团体进行讨论，这种集中方式的问句包括观察性问句（发生了什么事？）、转化性问句（为什么会发生这样的事？）、应用性问句（在现实生活中是否有类似的经验？）。由以上三个部分的问句，引导学生把体验后的反思与真实生活中的情境做联结，并将活动中所学的经验充分地运用于现实生活中。

（三）价值澄清–信念提升策略

一个人的信念与其在成长过程中获得的经验有关，信念是一个人品德形成的基础。如果一个人形成了错误的信念，那么他（她）就有可能做出错误的行为，德育的关键就是帮助他（她）纠正和澄清错误的信念，但这往往是最难做到的。因为信念往往在人的思想中根深蒂固，成为人自动化思考的心智模式。心智模式是如何影响人的行为的呢？为了更好地了解心智模式，克里斯·阿吉瑞思和唐纳·熊恩探索出一套追踪心智思考的流程，被称为"推论的阶梯"[①]（如图6-1所示）。

---

① ［美］彼得·圣吉. 第五项修炼：学习型组织的艺术与实践［M］. 张成林，译. 北京：中信出版社，2009.

6. 这些结论和我内在的信念
不谋而合

7. 我采取某些行动

5. 我依据这些假设得出了
某些结论

4. 我依据自己的感受做了
一番假设

3. 我赋予这些资料意义,
并引发某些感受

2. 我从可以观察到的资料
"池"中选择资料

我得到某些结果,这些结果
又产生更多可观察的资料

1. 可观察的资料"池"

图6-1　推论的阶梯图

我们由攀爬"推论的阶梯"形成心智模式可以做出推论,举例如表6-1所示。

表6-1　大雄对英语老师没礼貌的推论过程

心智模式			大雄对英语老师没礼貌的推论过程
第一阶梯	可观察的资料"池"	1	英语课堂上英语老师点名提问了好几名女同学
第二阶梯	我从可以观察到的资料"池"中选择资料	2	英语老师没有点名提问大雄
第三阶梯	我赋予这些资料意义,并引发某些感受	3	大雄感到很失望
第四阶梯	我依据自己的感受做了一番假设	4	大雄后悔自己是男生,因为他认为英语老师不喜欢男同学
第五阶梯	我依据这些假设得出了某些结论	5	英语老师偏心,只喜欢女同学,是一名"色狼"
第六阶梯	这些结论和我内在的信念不谋而合	6	"色狼"就是品格有问题,不配令人尊敬,更不配当我的老师
第七阶梯	我采取某些行动	7	以后见到英语老师不打招呼,不搭理他,甚至要找机会羞辱他

在表6-1所示的例子中，英语老师没有点名提问大雄，可能只是英语老师随机提问，而并非偏爱女同学。但大雄错误的假设与推论就会导致他错误的信念增强，因而对英语老师持有敌对的态度。如果接下来不进行干预，继续放任大雄"反射环路"的增强，大雄对英语老师的误解可能会越来越深。

三、积极共育主题活动带领技巧

（一）护"场"技巧

心理学家勒温说："为了理解或预测行为，就必须把人及其环境看作是一种相互依存因素的集合。"[1]他把因素的整体称作该个体的生活空间，并认为生活空间包括了人与环境，行为发生在这种生活空间之中，它是人与环境相互作用的结果。在一定的空间内，任何人或物体的变化，都会引起其他人或物体的改变。体验式活动也一样，也是发生在一种特定时间和空间的场景里，场景内的情绪、气氛、灯光、音乐等，都与教学目标有着密切的关系。例如，如果需要调动参加者的热情和积极性，就适宜采用明亮的灯光和欢快的音乐，指导老师的语言频率节奏也需加快，这样的场景有利于参加者在初始阶段的投入和热身。而到了需要工作或解决困难阶段，往往需要柔和温情的音乐，有时甚至需要一些煽情的音乐，此时灯光就不需太明亮，要调为更容易让人沉思和安静的柔和或昏暗的灯光，如果此时再加上指导老师的语言催化，将能轻松实现活动目标。

无论是走心式主题活动还是体验式班会活动，创设一个积极向上、安全温馨的场景显得格外重要。除了上述的灯光、音乐等物理因素之外，指导老师的语言风格和学生之间的人际互动氛围也非常重要。指导老师宜持包容开放的态度接纳学生的表现，尽可能用正面语言激励学生参与体验活动，勿用批评讽刺、命令式语言与学生沟通，和善且坚定的态度更有利于创设一个良好的体验和沟通环境。

（二）发问技巧

发问是组织带领体验式活动的重要技能，不同的问句会产生不同的体验。一般体验活动中常用的发问方法有开放式发问、封闭式发问、联结式发问、教练式发问、绕开式发问等。

---

[1] 叶浩生. 西方心理学理论与流派［M］. 广州：广东高等教育出版社，2004.

1. 开放式发问

开放式发问是个体心理咨询谈话中经常使用的谈话策略。

开放式发问是通过运用不设固定答案的问句，引发对方思考，引导对方谈及更多内容的一种谈话方法。它能有效地打开对方的话匣子，是在带领体验式活动中经常使用的一种问话技巧。在开放式发问中，提问者更想倾听发言者更多的深层资料，发问的形式往往是使用"什么""为什么""如何做""可否"等词，让发言者更深入自己的内心世界。一般来说，用"什么"来发问，可以获得一些具体事实和资料，如"什么事的发生让你做了调节和改变？""以前发生过什么事情让你现在这么难受？""在刚才的游戏过程中什么是最重要的？"用"为什么"来发问可以探讨出事情的原因，如"为什么你刚才不敢举手发言？""为什么现在是这个局面？""为什么我们队在比赛中会赢（输）？"需要指出的是，在还没有建立良好关系的前提下，以"为什么"来发问容易引发对方的心理防御，需要慎重使用。"如何做"的问句能帮助参与者更好地获得一些具体的思维方法，如"在刚才的游戏活动中，我们如何做才能收获更理想的结果？""如何做才能让我们的局面有更好的改观？""如何做才能让我们的父母理解我们？""如何做才能令对方明白我们的心意？""如何做才能让班级生活更和谐？"

2. 封闭式发问

封闭式发问在个体心理咨询谈话中的使用也较为频繁。

封闭式发问是通过确认事实、获得重点、缩小思考范围，使谈话内容条理化的一种发问方式。它通常使用"对不对""有没有""是不是""要不要"等词，而对方回答时也只需简单地使用"是"或"否"即可。这种发问有利于发问者掌控谈话方向，有利于敲定谈话内容，特别是对于一些不善言辞的发言者来说，封闭式发问尤为重要，因为封闭式发问能帮助他们更好地表达所思、所想。

封闭式发问可分为限定选择的封闭式发问、探索取向的封闭式发问和指令取向的封闭式发问。

限定选择的封闭式发问是一种有预计答案的发问，发问的目的是促使对方更乐于接受预计结果。问话从表面上看有选择的机会，但选择的结果都是发问者所预计的答案，无论对方如何选择，都只能在限定的范围内进行："你先发言还是他先发言？"（预设答案：总之都要发言）"你是付现金还是刷卡？"（预设答案：总之你都要买）"你是吃完饭再完成作业还是先完成作业再吃饭？"（预设答案：总之都要完成作业）

探索取向的封闭式发问是先肯定陈述对方前面的行为（或事件），接着用发问的形式引发对方深入思考（或探索）的一种发问形式："T同学刚才谈及家长不理解的情况，请你再具体说说。""Z同学说自己很想念初中时的班主任，什么事让你如此难忘呢？""刚才的活动大家都很投入、很积极，却没有好的结果，这是为什么呢？"

指令取向的封闭式发问是由指导老师指定对方的说话方向，以满足团体发展的需要。这种指令性往往更隐秘，不容易被人发现，也具有不可抗拒的力量："一会儿G同学会和大家一起进行游戏活动，现在请他自我介绍……""班长在这方面会有很好的设想，现在请班长谈谈这个计划……""对于这件事的成功（或失败），我们每个人都有责任，接下来每个人都有一分钟拿起麦克风说话的时间，从这里先开始……"

3. 联结式发问

联结式发问是带领体验式活动的一把利器，它是一种能有效深入团体中每个学生内心世界，调动学生参与度，激发学生内在经验的发问方式。主要分为两种："我–他式"发问和"他–他式"发问。"我–他式"发问是指指导老师与学生之间的联结式发问，主要通过指导老师与学生的对话来实现心理互动的一种联结。通过师生的这种对话联结，指导老师能更加了解学生的内心世界。指导老师的积极聆听也提高了发言学生的自尊心和自信心，更增进了师生间的和谐关系。如在课堂中有J同学说："这次考试我考砸了，回去一定会被爸爸训斥一顿，心里恐惧呀！"此时，指导老师可运用"我–他式"进行发问："是呀，J同学此时的心情令我想起我的学生时代，考试不理想的那份恐惧和担心，真让人难受！我想J同学的这份担心也许不是第一次了，你是否愿意多谈一点曾经因为考试失败而发生的遭遇？"倘若指导老师运用"他–他式"进行发问，便可以这样说："J同学刚才谈到因为考试成绩不理想而担心回家受批评，请问其他同学是否也有同感呢？"指导老师的目光的焦点，要从发言的同学转向准备（或有意向）发言的某一同学，以此类推。活动团体内就会呈现出同一个话题的深入讨论与分享，也正是此类话题的深入互动，促进学生彼此之间的心灵互动与交流，从而实现问题的解决和参与学生的心灵成长。无论是"我–他式"发问还是"他–他式"发问，都增加了深入讨论主题的可能，参与学生也能在聆听、交流、反思中不断成长。

4. 教练式发问

教练式发问是指运用发问语言的威力，去刺激聆听者不断思考和进行自我探索的一种发问技巧。一般来说，这种发问需要根据对方的思考层次而定，如果是在下一层次引发的问题，就应该在它的上一个层次去发问，这样更有利于当事人跳出原来的思维困顿，找到灵活变通的处理办法。一般来说，我们的大脑、语言及社会系统会形成一个自然的思想层次体系，包括环境、行为、能力、信念（价值）、身份及精神六个层次[①]，每个层次的关系是由下向上递进的，如图6-2所示。

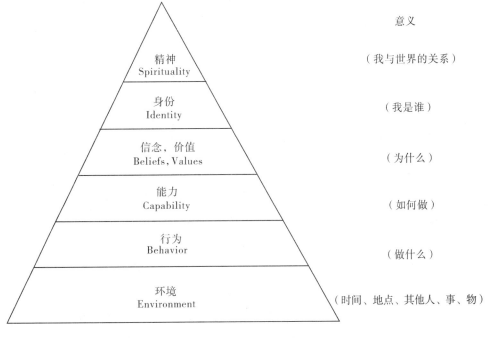

图6-2　思想层次体系

---

① ［美］罗伯特·迪尔茨. 语言的魔力：谈笑间转变信念之NLP技巧［M］. 谭洪岗，译. 北京：世界图书出版公司，2008.

如果对方受困于环境这一层次，那指导老师就要在行为这一层次去考虑发问。如A同学说："班里太吵了，导致我学习不能专心。""A同学需要安静的环境才能专心学习，请问我们需要做一些什么样的改变呢？"（帮他在行为层次去找答案）又如B同学说："我当时真没办法帮助他！"（B当时处在能力层次）"B同学当时想不到更好的办法，但B同学真的很希望能帮助他，假设当时情况不是那么紧急，B同学一定会有更好的办法。"（肯定B同学的信念，帮助他在不同环境找行动的方法）

5. 绕开式发问

绕开式发问是通过绕开回答者的意识层面，进入对方的潜意识进行发问的技巧，是指导老师在发觉回应者有阻抗的表现，或者故意回避回答问题时采取的一种问话技术。一般来说，阻抗者的语言是比较消极的，阻抗者也不愿意对自我进行心灵探索，所以回答的词语往往是简单否定的，如"不知道""不可能""不愿意"等。此时，指导老师就可以运用绕开式发问，如刚做完一个游戏，要进行分享时，指导老师点到一名同学，请他谈谈感受，但这名同学回了一句"没感受"，此时导师可以直接运用绕开式发问："假设你有感受的话，会是什么？"或者可以迂回地进行绕开式发问："这名同学刚才还没有整理好，但我相信他的整理速度，如果现在问，假设有感受的话，会是什么呢？"这种发问一般用于以下几种情景：当回答者的思维受局限时，可用此问法进行提示和引导；当回答者不愿对自我进行心灵探索时，可用此问法进行协助深入；当回答者有心理抵触时，可运用此问法去化解阻抗，从而带出回答者真实的内心感受；当回答者有逃避问题倾向或害怕面对问题倾向时，可用此问法发问。

（三）回应技巧

1. 镜映式回应

镜映式回应就像照镜子一样，将对方的动作、语言、情感像镜子一样反馈给当事人，以促进他（她）进行自我反思、自我觉察、自我整理。镜映式回应可分为内容镜映式回应和情感镜映式回应，在实际使用中，两者往往会交替使用或混合使用。镜映式回应的难点在于深入对方的内心情绪、情感世界当中，运用对方容易理解的语言准确地回应对方。

内容镜映式回应是指导老师选择学生所表达的实质性内容，用自己的语言将其表达出来反馈给学生的一种镜映方式。在此之前，指导老师必须专心聆听学生所说的内容，理解学生想表达的意思，然后引用学生在发言中最有代表性、最核心和敏感的词语，加上自己的整理和加工，即时口头反馈给学生，使发言学生有机会再次剖析自己，重新组合一些比较凌乱的事件和关系，深化当时的谈话内容。例如："刚才大雄同学（直呼名字）谈了在饭堂发生的那一幕：他在排队打饭却遭遇另一男生插队，大雄同学当时很生气，便上前揪住插队男生的衣领，大声地对他说：'不能插队，滚到后面去！'"这种像照镜子一样的回应能帮助大雄同学觉察到自己当时的情绪和行为，从而引起他的自我反思。

2. 我信息式回应

"我信息"有三种基本类型：表白性"我信息"、预防性"我信息"和肯定性"我信息"。指导老师可用这三种信息去做针对性的回应，以促进对方心灵的触动，从而达到促使对方自我成长的目的。

表白性"我信息"是开放自我的基本形式，是通过自我表露、自我说明来影响对方的一种沟通方式。表白性"我信息"是关于"我"的种种描述，"我信息"是可信的、诚实的、一致的，是表达出"我自己"真实想法和感觉的一种清楚、容易了解且切中要点的信息，而不是伪装或模糊的信息。其基本形式有：对他人表露"我"的信念、观点、喜好、不喜欢的事、感觉、想法、反应等，或是对其他能让他人更了解"我"或更了解"我"的生活经验的陈述。如"我相信L同学刚才那一只手对我们完成这任务帮助很大""我认为我们班能有更好的方法来解决此困难""我知道Z同学此时很难过""近来班里出现了这种现象，令我感到很失望"等。

预防性"我信息"，就是在问题未发生之前，给予对方一种假设性、预防性的忠告，以帮助对方更好地适应和接受事情的发展结果。如"这次黑板报如果不用心设计和布置，我们在本轮学校评比中就会拿不到好的名次""这个任务很艰巨，没有100%的付出是完成不了的""老师今晚要加班，到班里参加联欢会的时间可能要推迟10分钟"。这些预防性"我信息"，很大程度上告知对方真实情况，帮助对方提前做好心理准备，避免误会和沟通不良。

肯定性"我信息"，就是指导老师描述自己对学生肯定的感觉，这种肯定性的描述，能够很好地促进师生关系和谐发展，也是学生成长路上的阳光雨露，滋润学生心田。在日常班级管理中，往往会有某些学生做一些违纪的事，令人感到头疼；但同样也有一部分学生做出一些令人愉悦、符合指导老师预期的事，而学生做出这些行为时，指导老师对他们表露肯定的态度是适当且重要的。但情况往往是，指导老师在表达对学生的认同时过于吝啬，不喜欢肯定学生的所作所为，担心表扬学生会使其骄傲或有其他不良发展。而对学生的行为感到困扰时，才会进行负向的自我表露，这就容易伤害到师生之间的关系。如果指导老师能够用肯定性的"我信息"及时肯定学生，将有利于建立亲密的师生关系。年龄段越低的学生，就越需要这种肯定性的信息。因为这种肯定性信息特别能滋润少年的心灵，促使其健康成长，犹如"皮格马利翁效应"。如"我很高兴当我在批改作业时你很安静，所以我很快就改完了，谢谢你！""Y同学，我很喜欢你画的这幅画，因为它……""A同学，我很欣赏你刚才帮同学提书包的行为。"需要注意的是，肯定性"我信息"不是操纵或塑造学生行为的工具，一旦这种隐藏性的动机透过言语传达给学生，将会使"我"的诚意受到怀疑。肯定性"我信息"应该是没有附带操纵和控制目的的，它是用来表达对学生的接受和感谢的。

（四）分享技巧

1. 假设语言法

体验式活动的目的是要带给体验者或观察者思想的触动和使其适当调整认知结构。要达成这个目标，就要从多方面、多角度看待同一问题或现象，这样才能得出更多的结论，扩大学生的个人认知范围，促成其更深层次的自我成长，这就需要假设性的发问。如对于体验者自己，可以按时间的顺序进行假设，可以问："如果这事发生在10年之前或之后，你会怎么做？"也可以按不同地点进行假设："如果这种情景发生在家中，你会怎样面对？"还可以按不同人物进行假设："假设你是小王，你会怎么想？"运用假设性的语言可促使体验者深入思考，达成活动的目标。

2. 两点平衡法

对于部分参与学生来说，要清楚地觉察和表达自己的感受并不是一件容易的事，特别是在我们的文化中，人们不太善于表达自己真实的感受。所以在分享的时候，总是问学生的感受，有时会令他们不知所措。此时，把感受和想法结合在一起来问，将更有利于他们整理自己的思绪和收获。如可以问："对于这个活动，你的感受和想法是什么？"或"对于此活动，你有什么想法和决定？"这种问法是促进被问者情绪和思想统一、思想和行动统一的提问法，我们称之为两点平衡法。

3."3W"催化引导法[①]

"3W"即What（什么）、So What（为什么）、Now What（现在该做什么）。What（什么），是指活动本身发生的事件，或在活动中观察、感受到的事实。So What（为什么），是转化性问题的提问，是指活动过程中所发生的事实现象与生活的联结性。将当下的活动体验迁移到现实生活中，也是实现活动目标的重要时刻。Now What（现在该做什么），是指将活动中所学到的经验，带到下一阶段活动，进而转化运用于真实世界生活中，它是达成活动成效的重要步骤。具体结构如图6-3所示。

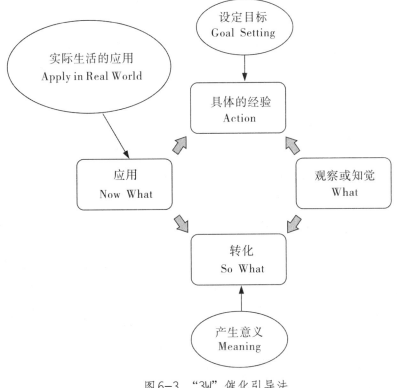

图6-3 "3W"催化引导法

① 谢智谋，王贞懿，庄欣玮. 体验教育：从150个游戏中学习［M］. 桃园：台湾亚洲体验教育学会，2007.

4."4F"催化分享引导法①

"4F"即用4个首字母为F的英语单词组织分享语言的过程，这4个英语单词分别是Facts、Feelings、Findings和Future，意思分别是：过程回顾、深刻感受、启示发现和前瞻应用。

过程回顾（Facts），即重温活动的画面或镜头。此阶段主要的内容方向为：发生了什么？在开始解说时，指导老师要为团体寻找对现实的共同理解，建立共同基础，以促进学生在分享和发言中互相学习；在回顾具体过程和结果时，导师要善于针对时间、地点、人物、特定情景，勾画出深刻的感人场景，从而达到与事实一样感人的效果；同时还应多角度地和富有弹性地看待问题或事实，以带出不同的观点，善于发现个体的各种付出，结合开放式提问来促进学生深入描述事实。例如可引用以下引导句式："刚才发生了什么事？""后来又发生了什么？""刚才我们看到、听到和做了什么？""最难忘（最有趣）的是什么？""谁还有相同或不同的经历？""有没有意料之外的事发生？""最重要的关键点或最重要的时刻是什么？""刚才遇到了什么困难？""我们是如何克服的？""是什么影响了你的态度和行为？""如果从家长的角度来形容这事，你会怎样说？"

深刻感受（Feelings），即表达、分享主观的感受，把目光聚焦在情绪上。此阶段主要的内容方向是针对感觉和情绪进行提问，可以表达具体经验引发的情绪情感，也可以自由发泄或表达较强烈的情绪感受，还可以表达听到其他同学回应或分享时的感受。引导的句式有："在这个过程中你最深刻的感受是什么？""在这个过程中让你感到最开心（或最难受）的是什么？""令你感触最深的话有哪些？""你对自己（同学、指导老师）有什么感觉？""你感到最矛盾的经验是什么？""什么时候你最难投入？""你会用哪一首歌（或乐器）来形容此时的感受？""你会用厨房里哪一个物件来形容自己在活动时的表现，为什么？"

启示发现（Findings），即探索经由活动体验所带来的启发或思考，从而促进自我概念的重组。此阶段主要的内容方向为：你学到了什么？为经验赋予意义

---

① 黄幹知，梁玉麒，刘有权．一团和戏：130个团队游戏带领技巧［M］．香港：策马文创有限公司，2013．

及价值，把活动的潜在意义和目的呈现出来，更近距离地去探讨学习的元素。这种发现，可以由活动过程中参与者自行发现，也可由指导老师通过提出原因、定律、结论、解释或引申来触发，协助参与者自我探索、相互交流建议，从而引发思考。一般的句式有：①为何式，如"是什么令你学会担当刚才的角色？"②如何式，如"你的感觉怎样影响你的行为？"③成果式，如"你的小组目标完成得怎么样了？"④回应式，如"你对其他同学的表现有什么看法？"⑤联系式，如"这次经验与以往的有什么不同？"⑥发现式，如"你对自己（小组）有什么新的发现？对你有什么意义？"⑦评价式，如"哪里做得好？是什么令我们获得了成功？"

前瞻应用（Future），即前瞻思考，深入探索行动及学习计划，演练或想象未来可能出现的场景，用现在学到的知识或经验去解决未来的困难或困惑，把思想转化为行动。此阶段主要的内容方向为：这与现实如何联系？这种情况出现时你会如何应对？下一步做什么会更好？具体提问句式有："日常生活中，是否有类似的情况？""刚才提到的三个原则，哪一个对你最有帮助？""你在生活中曾经用过哪些方法？""如果类似情况在学习时发生，你会如何面对？""如果再有一次机会，我们要如何应对？"

使用"4F"催化分享引导法没有特定的次序，应根据参与者的处境和团体分享时的素材来排序，从当时情境下的最大感触开始，从最能接近的"F"开始；有时了解参与者简单的"体会""学习"就已经足够，当活动达到高峰体验时，则可考虑完整地以"4F"催化分享引导法循序渐进地进行提问，促使团体成员进行经验整合。一般而言，由最真实的经验开始，在充分地回顾历程及关注感受后才关注学习，比较容易入手。"4F"催化分享引导法中的4个部分也可以相互结合进行提问，例如，"谈谈刚才过程中你感到最开心的事"是结合了过程回顾和深刻感受；"谈谈对你将来的学习有哪些帮助"是结合了启示发现和前瞻应用。

5. "5Q"催化引导法

"5Q"即5个问题的提问，它们分别是：问题1（Q1），你们有没有注意到发生了什么？问题2（Q2），发生此情形的原因是什么？问题3（Q3），生活中是否有类似的状况？问题4（Q4），你是如何处理的？问题5（Q5），如何运用所学到的经验？

"5Q"催化引导法的连贯性要求比较强，后一个问题建立在前一个问题的回答基础之上，在实际运用中要注意循序渐进，层层深入，根据团体此时此地的气氛深入分享，引发探索和改变。

6. "6W"提问法①

"6W"即：What（什么）、When（什么时候）、Where（哪里）、Who（谁）、Why（为什么）、How（如何）。一般来说，What、When、Where有助于指导老师搜集事实资料，了解基本情况和基础问题；How引导的问句会涉及价值观问题，是最难问得好，也是最难回答的问题，而且它容易触发个人心理防御机制，所以有时要转换问法以降低防御。如将"你为什么这么难受？"改为"什么让你最难受？"

不同的分享句式有相似之处，即从体验者的感觉层面问起，逐步过渡到体验者内心的观点、期待和渴望（如图6-4所示）②，更能触动体验者的内心深处，改变其思想意识和心智模式，从而使其在行为和行动上做出相应的调整和改变，这也正是体验式走心德育的精妙之处。

图6-4 "6W"提问法的体验者经历

① 郭念锋. 心理咨询师［M］. 北京：民族出版社，2005.

② ［美］维吉尼亚·萨提亚，约翰·贝曼，简·格伯，等. 萨提亚家庭治疗模式［M］. 聂晶，译. 北京：世界图书出版公司，2007.

要点回顾

1. 积极共育主题活动设计走心思路：主题活动—体验感悟—走心导向—素养生成。

2. 积极共育主题活动实施走心策略：主体参与—活动体验—反思总结—感悟成长。

3. 积极共育主题活动带领走心技巧：护"场"技巧—发问技巧—回应技巧—分享技巧。

一题思考

如何指导帮助新时代父母成为孩子健康成长的积极赋能者，成为教练型父母，成为心灵摆渡人？（检测家庭教育、家校共育指导智慧和技术方法的实践应用水平）

「下编」 素养生成指导

第七章 人文底蕴积淀

人文积淀

墨 香 犹 存

设计背景

核心素养中明确指出："人文积淀，重点是积累古今中外人文领域基本知识和成果；掌握人文思想中所蕴含的认识方法和实践方法等。"现在有些学生人文知识欠缺，尤其是对文化经典的学习提不起兴趣，以至于缺少必要的文化积淀，对探求真、善、美的动力不足。文化经典历经数百甚至数千年，是一个民族的文化之根，更是社会文明的浓缩和精华，是人类社会人文积淀的集中体现。心理学研究表明，兴趣的激发能提升学习的动力。因此本节活动课通过对学生进行人文教育，激发其对真、善、美的探索兴趣，提升其对文化经典的学习动力。

活动目标

1. 通过对汉字的理解激发学生对诗词经典的阅读兴趣。

2. 体验古诗词文化中的真、善、美。

3. 营造学习文化经典的浓厚氛围，激发学生的学习兴趣。

4. 通过对文化经典的回顾，促进学生对人文知识的积淀兴趣，提升学生的人文底蕴。

5. 通过与孩子一起参与体验式主题活动，帮助家长提升诗词素养，观察了解孩子诗词认知的程度以及活动中所体现的社会交往技能，有助于增进亲子互动交流、促进亲子共同成长。

设计思路

运用"有趣的汉字竞猜"活动营造气氛，再通过"主题诗句抢答"的活动分享经典名篇，激发学生兴趣，拓宽学生文化视野。

📖 活动准备

1. 物资准备：汉字的不同字体卡若干（例如"人""家"的甲骨文字体卡等）、背景音乐、相关诗词句素材。

2. 场地准备：室内宽敞场地。

📖 活动过程

（一）活动导入——有趣的汉字竞猜

全班同学和家长分成4个小组，主持人依次呈现提前准备好的汉字卡片，各组抢答竞猜。答对并能解读此汉字的含义者得1分。

（二）主题活动体验——主题诗句抢答

指导语：中国汉字博大精深，每一个汉字的演变都蕴含着人类文明的精华。古人把这些有趣的汉字组合在一起，表达着他们对于自然美景、社会现状及个人际遇的情感。古人用多姿多彩的诗句对同一种事物进行描写，展示中国汉字、诗词的博大精深。下面我们通过这个活动一起来领略中国古诗词的美。

1. 活动规则

（1）所有参与者分为4组，围绕主题词进行抢答。

（2）主持人依次给出主题词，例如"荷花""菊花""梅花""桃花"等，每个组以最快的时间想出相关诗句，并写在题板上。

（3）每组全部成员分为发言人和智囊团，每答对一题加10分，最后累计各组分数。

2. 讨论分享

（1）在刚才的答题过程中，你看到了什么？听到了什么？想到了什么？

（2）在这过程中，你满意自己的表现吗？为什么？

（3）这次活动给你什么启发？

3. 教师小结

（1）一个人的智慧和知识储备是有限的，中国古诗词博大精深，我们要积淀的内容还有很多，所以我们需要不断地学习积淀。

（2）古诗词的韵味在于可以用丰富多彩的词语描述和表达同一种事物而又

传递着不同情境下的情感。当看见夕阳美景时，缺乏文化积淀的人只能感叹一声："哇！太美了！"而富有文化积淀的人或许会这样描述，"落霞与孤鹜齐飞，秋水共长天一色"。

（三）活动变化

活动主题的变化

（1）限定主题词要求，如描述"月""风""雪"等。

（2）分组进行经典名篇的诵读或者用舞台剧的形式进行表现。

简约点评 ◇◇◇◇◇◇◇◇◇◇◇◇◇◇◇◇◇◇◇◇◇◇◇◇◇◇◇◇◇◇◇◇◇◇◇◇◇

此次主题活动，通过情境的创设，利用古诗词里对同一种花卉进行多姿多彩的描写，展示中国汉字、诗词的博大精深。家长和孩子在活动中不仅感悟了古诗词之美，同时也促进了亲子交流。

传统节日宣传大使

📖 设计背景

中国的传统节日形式多样、内容丰富，是中华民族悠久历史文化的组成部分。传统节日习俗是一个国家、一个民族文化长期积淀的结果，蕴含着人类文化的精华。培养学生的"人文积淀"素养，就是要让学生了解、学习并传承这些文化。首先要懂得欣赏并给予认同。部分学生崇尚过"洋节"，而对于自己国家的传统节日却知之甚少。有些家长和孩子对于"洋节"和传统节日的观点也存在分歧，甚至为此引发亲子矛盾。因此本节活动课，通过情境设置，让学生从诗词、饮食、习俗活动等方面对传统节日有一个全面立体的深入了解。增强学生对国家传统习俗的了解，能促进学生对我国悠久、深厚文化思想的掌握，有助于培养学生的爱国意识及人文底蕴。

📖 活动目标

1. 帮助学生深入认识并了解我国的传统节日。

2. 增强学生的民族认同感，激发其对中华优秀传统文化的热爱。

3. 促进学生的沟通、合作能力的提升。

4. 提高学生的文化认同感及获得文化自信，尊重中华优秀传统文化成果，提高学生的人文积淀。

5. 通过不同年龄层对传统节日的理解和呈现方式，帮助亲子互相了解、深入理解彼此的思维特点，促进亲子关系的和谐。

📖 设计思路

让参与者通过诗句了解中国传统节日习俗，并运用与节日相关的诗句、美食、活动等信息进行"宣传大使"分组，再通过小组讨论、海报制作、使者宣讲，帮助参与者深入了解传统节日。在此过程中既能获得成就感，也能了解更多中国传统节日习俗文化特色，获得文化自信，尊重中华优秀传统文化成果，增强国家认同感。

活动准备

1. 物资准备：相关诗句搜集、中国传统节日相关图片（例如美食、节日活动等）、白纸、彩笔。

2. 场地准备：室内。

3. 其他准备：提前一周布置学生利用课余时间搜集中国传统节日的相关信息并了解学习。

活动过程

（一）活动导入——猜猜看

老师提前准备一些描写我国传统节日的诗句，表现节日活动、节日美食的图片。图片内容如：汤圆、月饼、粽子、划龙舟、赏月、猜灯谜以及一些相关诗句等。参与者随机抽取图片，然后在规定的时间内，找到相同节日主题的人，组成一个"宣传小组"。

（二）主题活动体验——传统节日宣传大使

指导语：中国有着悠久的历史，浓郁的传统文化底蕴，在我们的日常生活中，接触最多的就是传统节日，那么大家对传统节日的了解有多少呢？今天我们就来做一次传统节日的宣传大使。

1. 活动规则

（1）按照"猜猜看"分好的宣传小组进行活动。

（2）每个小组代表着一个节日主题。大家用彩笔和白纸制作一张关于本组代表的传统节日的宣传海报，时间15分钟。

（3）海报制作中要突出节日的主题和特色。

（4）海报宣传环节。每个小组有3分钟时间向全体成员宣传本组代言的传统节日。

（5）小组互评，选出"最佳代言团队"。

2. 讨论分享

（1）从开始设计到完成海报制作的过程中，你们是如何确定分工的？

（2）上述过程中有遇到困难吗？如何解决的？当时感受怎样？

（3）有哪些传统节日的特点是你以前不了解的？

（4）你觉得这个活动对我们的生活、学习有什么启示？

3. 教师小结

（1）传统节日的产生都有着丰富的历史文化背景，是我国古人的精神传承。

（2）中国是一个文明古国，先辈们给我们留下了丰厚的文化宝藏。我们如何去传承和发扬它们，成为有知识又有文化的中国人！

（三）活动变化

1. 主题活动的变化

如果参与者的古诗词底蕴较为丰厚，在课程导入环节，可以全部选择诗词猜猜看分组。

在对传统节日做宣传代言时，不局限于海报制作，也可以选用其他形式，例如歌曲、舞蹈、情景小剧场等。

2. 其他替代性活动——人体拷贝

（1）各小组排成一列纵队，背对老师。老师将写有一组词语（可以是四大发明、诗人名字、诗句、古典建筑等，要符合参与者的认知水平）的纸条让每个小组的第一个人看一眼，然后请他通过身体扭动把信息传递给后面一位成员，依次"拷贝"传递，直到最后一位成员。该成员得到传递的信息后，在纸上写出全组"拷贝"的词语。

（2）活动结束前所有参与者都不能发出任何声音，也不能用手或脚直接比画文字，违规者重新"拷贝"。

（3）老师介绍活动后，给予参与者三分钟时间商量策略，如排队组合、传递方式等。

简约点评 ◇◇◇◇◇◇◇◇◇◇◇◇◇◇◇◇◇◇◇◇◇◇◇◇◇◇◇◇◇◇◇◇

"传统节日宣传大使"活动，通过多彩的形式、丰富的内容，让亲子之间有更多的沟通和协调，使他们在讨论合作的过程中加深了对彼此思维特点的了解，也为亲子沟通合作创设了充分的条件。

人文情怀

小明的故事

设计背景

高中生展现出的青春期心理特点：独立与依赖并存、成熟与幼稚并存、开放和闭锁共存。他们有较高的交友热情，渴望得到同学的认同，在人际交往中迫切需要同伴的情感支持。他们希望得到别人的理解和尊重。但有时候因为较强的自尊心、情绪上的较大波动、心理上的矛盾冲突以及处事经验阅历上的限制，使他们困顿在自己的世界中，难以了解他人的需要与支持，从而发生人际矛盾和冲突。在核心素养中提到："要培养学生具有以人为本的意识，尊重、维护人的尊严和价值。"新时期的高中生需要学习如何在人际交往中尊重他人，理解对方，激发同理心，培养人文情怀等核心素养。

活动目标

1. 直观体验不尊重的语言和行为对他人造成的影响。
2. 懂得换位思考去理解他人的感受。
3. 学会用尊重、同理的态度进行人际交往。
4. 培养学生尊重他人，并运用同理心关心、支持他人的人文情怀。
5. 激发亲子彼此的同理心，引导其相互理解对方的感受，强化亲子日常沟通的技能，促进亲子情感支持，达到共同成长。

设计思路

本节活动课以"'人'字活动"热身，引出主题，激发成员的好奇心；并以"小明的故事"为核心主题活动，旨在通过活动体验让成员直观感受到不尊重的语言对他人造成的伤害，并引导成员以同理心来理解对方的感受；再通过讨论分享环节，启发成员思考如何做才能减少人际交往中对他人的伤害。

📖 活动准备

1. 物资准备：一张画有简单头像的纸。

2. 场地准备：室内。

📖 活动过程

（一）活动导入——"人"字活动

1. 活动规则

大家伸出左手和右手的食指，并在额头前摆一个"人"字。

2. 教师总结

大家互相看一看对方摆的是"人"字吗？（有些成员会摆出"入"字），为什么会出现这样的差异呢？（稍作等待成员回答）我们在摆的时候是以什么为参照物的？我们脑海中出现的字的方向对吗？如果没有刻意的练习，我们常常会第一时间从自己的角度出发去思考和行动。但有时候这会给我们的人际关系带来伤害，因此我们需要通过学习来改善自己的思考和行为方式。

（二）主题活动体验——小明的故事

指导语：（老师举起画有头像的纸）同学们，这是小明，他是一个转学到这里的普通学生，由于某种原因，不那么受大家欢迎。通过活动，让我们一起来看看会发生什么？

环节一：

1. 活动规则

（1）全体成员围坐成一个圆圈。

（2）快速思考：请大家想一想可能伤害到"小明"的评论有哪些？

（3）请成员们轮流传递"小明"头像，每说一句评论，就把纸团揉一下，一个接一个传递，不允许弃权，直到把纸团成一个球。（如一边说："小明，你头发很乱"，一边用力揉一下纸）

2. 讨论分享

（1）"小明"现在和刚才有什么不一样？

（2）你认为小明第一天上学结束后感觉如何？

（3）你认为他第二天还会愿意来学校吗？

（4）你认为他感觉出同学们想让他成为班级的一员吗？

环节二：

3. 活动规则

（1）你能说什么或者做什么，帮助小明感到他属于这所学校，或者受到了欢迎？

（2）每当你说出一句有帮助的评论时，把纸打开一点，然后抚平。

4. 讨论分享

（1）你现在看到了什么？

（2）你认为在小明的身上将发生什么？

环节三：

5. 讨论分享

（1）你从这个活动中学到了什么？

（2）你认为在一个集体中，我们该如何与人交往？

6. 教师小结

在人际交往中，有时候我们不尊重的言语和行为会对他人造成不可磨灭的影响。或许我们是无意的，开玩笑的，但这些言行却深深地印在了对方心里，犹如这张"小明"头像，虽然我们做了补救、道歉，但折痕会一直存在，难以复原。因此，当我们说出每一句评论的时候，要用同理心"换位思考"一下对方的感受以及这些评论可能造成的影响，多给集体中的人以关怀而不是随意地评价或批评。

（三）活动变化

1. 主题活动的变化

在对"小明"进行不尊重评论的时候，除了用团纸，也可以用铅笔把这些评论写在"小明"的脸上，然后在第二个环节中，用橡皮擦擦掉。（很显然，擦得再干净也是会和原来不一样。）

2. 其他替代性活动——信任之旅

场地：空旷的地方。

器材：眼罩、障碍物。

过程：

（1）每一个健康的人或许很难去体会残疾人的感受，现在让你蒙上双眼，感受世界将会是怎样的。

（2）全班分成两两一组，其中一个扮演"盲人"的角色，戴上眼罩，另外一名同学引路，搀扶"盲人"跨越各种障碍物，最先到达终点的获胜。

（3）整个过程中不允许说话，但要保证队友的安全。

分享要点：你的同伴拉着你往前冲时，你的感受如何？当你碰到障碍物的时候，你如何看待你的同伴？作为引路人，你觉得应该如何做才能让对方更有安全感呢？

简约点评 ◇◇

体验式的活动能让参与者更直观地感受到不被理解和尊重的言行所带来的伤害。通过活动让家长和孩子体会没有换位思考的言行会在交往中给双方带来更深的误解。亲子沟通也是如此。只有彼此学会了同理心思考、相互尊重的交流方式，双方才能为彼此提供更好的情感支持，亲子关系也才能更和谐稳定。

有你在，真好

📖 设计背景

　　人际关系是社会人群中因交往而构成的相互联系的社会关系。人的生活离不开各种各样的人际关系，因而构成了个人独有的人际关系网络，如亲属关系、朋友关系、同学关系、师生关系等。对于高中生而言，同伴关系又是一切关系中的重点，对其心理发展起着非常重要的作用。由同伴关系构成的主要社会支持系统在个体遇到困难的时候，可以起到支持和帮助的作用。在现实中，高中生既渴望同伴的支持和帮助，但同时又困扰于人际交往技巧的不足与自我中心心理的影响。在核心素养中提到："具有以人为本的意识，能关切人的生存、发展和幸福。"因而教师需要帮学生发展科学的人际交往技能、学会探索个人的社会支持系统，并能在生活中运用支持系统帮助自己应对困难，从而培养其真诚、友好、关心他人的良好品质，发展具有人文情怀的核心素养。

📖 活动目标

　　1. 通过体验，启发学生觉察自己的同伴支持系统。

　　2. 了解个人对他人的支持以及作用。

　　3. 促进学生归属感和价值感的形成。

　　4. 通过探究，进一步增强学生人际交往的信心以及了解应对困难时的同伴支持系统，培养"以人为本，关切他人"的人文情怀核心素养。

　　5. 高中生家长可以通过参与活动更好地观察孩子身边的人际圈，进一步了解孩子在人际交往中的需求，增进亲子间的互动交流，帮助孩子意识到在生活中遇到困境时，家长作为温暖港湾的重要性。

📖 设计思路

　　本节活动课以"身体猜字"热身，调节课堂气氛，让成员体验与人合作及充分调动身边资源的重要性，从而引出本节课的主题。在主题活动"有你在，真好"中，成员通过相关问题的回答，逐步探索、明确个人的同伴支持系统，同时也感受到自己对他人的重要性，从而让成员们了解自己的同伴支持系统，增强其应对困难时的信心及对他人的关切。

活动准备

1. 物资准备：人际关系问卷、笔。
2. 场地准备：宽敞的室内或室外。

活动过程

（一）活动导入——身体猜字

1. 活动规则

（1）3~5人一组，各小组随机抽取一个汉字，每组5分钟准备时间。

（2）完成准备的小组，依次上台用身体姿势表演出这个字，台下其他成员来猜。

（3）可以合作表演，也可以由一个人来表演。

2. 教师总结

刚才大家的表演很精彩。大家是否发现，简单的字我们一个人可以表演，但复杂的字，需要同伴合作完成。在展示一个字的时候，我们需要借助周围的事物，利用一切可用的资源。游戏如此，生活更是如此，当我们遇到困难时，如果想到有人在支持着我们、关心着我们，甚至能帮助我们，那我们内心一定是温暖的，我们也会更有勇气去面对困难。

（二）主题活动体验——有你在，真好

指导语：现在每个人手里有一张人际关系问卷，上面有很多我们生活中会遇到的问题，那么你的答案会是什么呢？请你认真回答每一个问题，并按照要求做出相应的表达。

1. 活动规则

（1）给每个人发一张人际关系问卷（见附件）。

（2）全体成员围成一个圆圈，所有题目的答案都是团队里的"人名"，并在问卷上写出原因。

（3）教师逐一念出每一个题目，成员根据自己选择的答案，走到相应同学面前，将手搭在他（她）的肩膀上，表示这个是自己选择的答案。

（4）等全体成员按要求作答完毕站好后，教师再进行下一题。

（5）所有题目问答结束后，邀请同学分享自己所答的理由。

（6）最后教师指导成员把每一个回答的问题撕下来，送给答案里的同学，并用语言或拥抱表示感谢。

2. 注意事项

（1）本活动需要在彼此熟悉的人际关系下进行。

（2）人际关系问卷每道题目之间留出足够的空白，方便填写和撕下。

（3）如果最后有成员一个"感谢"都没有收到，那么教师需要引导和做必要的调试，以免造成二次伤害。

3. 讨论分享

（1）你在填问卷的时候有困难吗？如果有，是什么原因？

（2）你有没有想过将自己填在答案里？如果有，你这么做了吗？

（3）当你的手搭在别人的肩膀上或被别人搭着肩膀时，你的感受是什么？当时你想到了什么？

（4）结合你的现实人际交往，谈一谈这个活动让你想到了什么。

4. 教师小结

当别人的手搭在你肩膀上的时候，或许你感受到了被信任和被认可；当你的手搭在别人肩膀上的时候，你很庆幸自己有答案可选。在生活中，遇到困难时，我们多么希望有人能给我们支持和帮助，能让我们有勇气面对困难。当我们无法独自处理所有的问题，需要他人的支持时，我们该向谁求助呢？在危急时刻你能想到哪些值得你信任的人呢？这就需要我们平时有意识地建造和完善属于自己的人际支持系统。我相信，人都是离不开"需要"与"被需要"、"爱"与"被爱"的。我们都需要在与人交往中获得归属感和价值感。因此，请你把同样的关切赠予他人，同时你也会获得相应的支持。

（三）活动变化

1. 主题活动的变化

除了通过问卷的形式提问，还可以让成员绘制自己的人际圈，在不同的需求层次，填写相应同学的名字。

2. 其他替代性活动——相识有缘人

场地：空旷地方

器材：扑克牌

活动规则：每个成员随机发一张扑克牌，然后到群体里寻找和自己的点数一样的"有缘人"。找到"有缘人"之后，坐在一起，相互介绍。通过交谈找出彼此间三个以上的共同点，全班交流分享。

注意事项：一副扑克牌随机发放，每个小组2～4人，如果由于班级人数太少造成单独一人的要适当调配。此活动适合新班级建立初期进行。

分享要点：通过一个小小的活动，我们发现，在茫茫人海中，我们其实有那么多相同点。这些相同之处让我们一下子熟悉起来，希望在我们的新集体、新家庭中，能够主动去认识更多的新同学，找到在新集体中属于自己的位置，同时拓展更多的人际支持。

简约点评 ◇◇

"有你在，真好"活动，创设了现场体验和感受的情境。在每一个问题的答案背后，都会有人因为被需要而受到鼓舞，也会有人因为自己的存在给别人带来力量而感到欣慰。亲子双方在需要与被需要之间培养了深厚的情感，让彼此都能在这段关系中收获成长，培养人文情怀。

◇◇◇

【附件】人际关系问卷

（1）如果你遇到不会解答的题目，你要向在场的同学询问，你会找谁？为什么？

（2）如果你想聊天，你会去找这里的哪个朋友？为什么？

（3）如果你心情不好，想找人谈一谈，你会去找这里的哪个朋友？为什么？

（4）如果你想讨论一下专业性或严肃的话题，你会去找这里的哪个朋友？为什么？

（5）如果你必须出席一个重要正式的场合，当你没有正式服装，假设这里的其他人都有，你会去找谁借？为什么？

（6）如果你现在急需一笔钱，而你正好没有，你会向这里的哪个朋友借？为什么？

（7）你在生活上遇到一个大麻烦，需要人帮忙，你第一个想到的是这里的哪个朋友？为什么？

（8）你觉得这里哪个朋友的人缘最好？为什么？

（9）你觉得这里的哪个朋友最神秘？为什么？

（10）你觉得这里的哪个朋友最有魅力？为什么？

审 美 情 趣

我 型 我 秀

设计背景

　　高中阶段是人的审美价值观形成的重要时期，而审美正是人类理解世界的一种特殊方式。学校教育的一项重要任务，就是要提高学生的审美情趣。培养和发展他们的审美能力，使其能理解和尊重文化艺术的多样性，并具备健康的审美价值观，具有艺术表达和创意表现的兴趣与意识。社会对于美的标准是多元化的。随着时代的进步，人们对于服饰的审美需求也在不断发生变化。近年来，不同文化的影响对学生的审美观念产生了很大的冲击，他们对美的观念也在不断变化，例如对服装的审美观等。有些家长因为难以接受孩子的审美，甚至发生亲子矛盾。本次活动希望通过服装审美相关的体验，帮助大家更好地去发现美、评价美、创造美，并能在生活中拓展和升华。

活动目标

　　1. 发现服装的实用性意义和重要性。

　　2. 在团队合作中体验发现美的成就感。

　　3. 能结合特定情境和具体条件，进行艺术表达，创造表现不同的美。

　　4. 通过活动，促进学生健康审美观的形成，提高其艺术表达和创意表现的兴趣与意识。

　　5. 家长不仅能体会到与孩子审美的差异，还能学习如何应对这样的差异，学会用平等沟通的方式在审美情趣存在差异的情况下与孩子达成共识。

设计思路

　　审美能力需要实践体验才能不断提升，让学生在生活中不断发现美的事物，通过想象力和创造力来体现对美的创造。本次活动以"年代时装秀"为热身活动，通过展示不同时期、不同国家的时装让学生体验美的多元性、差异性，激发学生对主题活动的好奇心和想象力。再运用"我型我秀"的时装设计与展示，让学生充分发挥自己的想象力和创造力，把自己对美的理解融入作品中，同时给予他们足够的舞台来展示自己。在讨论分享环节，引导学生思考生活中对美的理解以及如何去提升自我的审美情趣。

活动准备

1. 物资准备：每组纯白T恤一件，彩色碎布料若干，丙烯颜料一盒，剪刀一把，针线盒一个。

2. 场地准备：室内。

活动过程

（一）活动导入——年代时装秀

1. 教师提前制作PPT，搜集中国不同时期服饰和其他国家的流行服饰。

2. 教师播放PPT，之后让学生来谈谈自己对于服饰的审美标准。

3. 教师小结：大家看到了服饰的演变是多元化的，在不同的时期会流行风格不同的服饰，国内外也有所差异。每个人对于服饰美的理解也是不一样的，父母这一辈对美的评价标准自然也会和孩子们不同。但你会发现，美的东西总有些地方是相通的，它们会符合主流价值观，会带给人们对美好生活的向往。今天我们就一起来体验一把做设计师的感觉，用我们的智慧和审美能力来创造我们心中最美的服装。

（二）主题活动体验——我型我秀

指导语：通过上面的活动，我们会发现美在每个人心目中的定义是不同的，今年流行一些东西，明年可能又会流行另外一些东西，追求潮流是一条走不完的路。对于服饰，除了潮流，我们还追求哪些元素呢？今天我们一起来看看。

1. 活动规则

（1）分组：每组8~10人，各领取一份材料。

（2）在20分钟内用所给材料设计一件漂亮的服装。

（3）要求每一组选出一个人来说明他们的服装设计过程，比如：创意构思、设计的原因、注重的角度、表达的价值等。

（4）走秀展示，各小组推选一名同学作为模特着装展示，展示过程中另一名同学负责解说。

（5）由全体成员投票选出最具有美学价值、最简单实用的服装（每人限投一票）。

2. 讨论分享

（1）小组对服装的创意是什么？怎样来的？

（2）在这一过程中，小组理想的服装观点是什么？你认为服装应该具备什么最重要的功能？

（3）在设计和展示过程中，你们有不同的观点吗？如何达成共识的？最需要的是什么？

（4）你认为平时在校期间穿着校服的作用是什么？

3. 教师小结

大家在设计的过程中都融入了很多自己对美的想法。在我们平时穿校服的时候，会听到很多的抱怨，说校服这里不美那里不好，但是刚刚大家静下心来思考自己理想中校服的时候，我在其中看到很多我们校服的影子，例如要具有独特性和可识别性，也要舒适、方便运动等。校服的审美标准应该是符合学生身份的，功能应该是满足现实生活需要的。看到大家的创意作品，感受到了大家都努力从不同的角度诠释美。何谓美？美是适合，恰如其分。美是实用，功能周全。美有时候也可以很简单，只要把我们的阳光自信展示出来，就是一种美。

（三）活动变化

1. 主题活动的变化

如果不用真实的衣服，也可通过绘画在白纸上设计校服，再用废旧报纸进行制作。

2. 其他替代性活动——环保时装秀

场地：室内。

器材：每组废旧报纸30张，A4纸10张，透明胶1卷，双面胶1卷，剪刀1把，彩笔1盒。

过程：

（1）5～10人一组，每组领取材料。

（2）在20分钟内为1名组员设计一套漂亮的环保时装。

（3）要求每一组选出一个人来解释他们的环保时装的设计过程，比如：创意、实施方法等。

（4）环保时装展示，展示过程中一名同学负责解说。

（5）由大家选出最有创意、最具美学价值、最简单实用的环保时装。

分享要点：小组的创意是如何而来的？小组对于环保时装的美学观点是怎样的？你自己平时在服装上的选择标准和依据是什么？

简约点评

时装设计与展示活动为亲子提供了一个交流彼此审美观点、提升审美情趣的平台。在作品的设计与展示中，如何平衡彼此对美的不同理解，最终呈现在作品中，需要亲子之间高质量和艺术的沟通。

校 园 寻 宝

设计背景

　　刚步入高中的学生，初到一个新的环境，一切都是陌生的，教学区各功能室的分布、校园的每一个角落对于他们而言都很新鲜。他们面临着如何适应新校园、结交新同学的问题，家长也很关注孩子能否顺利适应学校生活。如何设计一个全员参与的活动，让学生在活动中通过团队协作和快速搜索来熟悉校园环境，发现校园的美丽。核心素养中提到："培养学生具有发现、感知、欣赏、评价美的意识和基本能力。"适应从熟悉环境开始，从在校园里探索一草一木开始，从主动敲开老师办公室的门开始。让学生在寻宝活动中，不知不觉地走遍校园的各个角落，在游戏中熟悉环境，消除陌生感，发现新环境的美丽，同时在活动中加深同学间的接触，彼此熟悉，发现同伴的美丽，感受团队归属感，提升审美情趣。

活动目标

　　1. 帮助学生在寻宝过程中熟悉校园，消除陌生感。

　　2. 增进学生对校园的了解，发现平时被忽略的美，进而热爱校园。

　　3. 增进同学间的协同与合作，增强团队凝聚力。

　　4. 在行动中培养学生发现美、感知美、欣赏美的能力，提升学生审美情趣。

　　5. 通过完成活动任务，促进家长与孩子的互动，加强亲子关系。同时，活动有助于家长更深入地了解学校环境，为孩子审美情趣的培养提供支持。

设计思路

　　本节活动课旨在培养学生发现美、感知美、欣赏美的审美情趣，从而帮助其更好地适应新环境，顺利完成初高中衔接。本节课以"我心中的'最美'"为热身活动，让学生体会身边的美丽，同时促进同学间的彼此了解，为主题活动的开展做好情感铺垫。"校园寻宝"主题活动以小组为单位，依据任务清单鼓励学生在校园各角落寻找、发现美，提升其审美感知能力。以此熟悉校园环境，为适应新环境做准备。

活动准备

1. 物资准备："寻宝清单"若干、秒表。

2. 场地准备：空旷的室内和校园。

活动过程

（一）活动导入——我心中的"最美"

1. 活动规则

（1）请每个学生准备一张纸和笔，根据老师的问题，在全体学生内部寻找答案。

（2）老师依次读出准备好的题目：你认为在座的同学里面谁的眉毛最好看？你认为在座的同学里面谁的眼睛最好看？你认为在座的同学里面谁的鼻子最好看？你认为在座的同学里面谁的嘴巴最好看？你认为在座的同学里面谁的脸型最好看？

（3）请大家把相应的同学名字写下来，结束后邀请同学分享。

2. 教师总结

刚才大家都用一双发现美的眼睛来欣赏身边的伙伴，你有什么发现呢？是不是感觉到原来身边有这么多美丽的人。其实我们的身边不缺少美而缺少一双发现美的眼睛，当我们留心观察、刻意寻找的时候，就会发现身边处处是风景。

（二）主题活动体验——校园寻宝

1. 活动规则

（1）把全体分成8个小组，每个小组领取一份"寻宝清单"。

表7-1　寻宝清单

项目	一朵小野花	一个教师签名	一片羽毛	一颗蒲公英的种子	一片有虫洞的长条形树叶
备注					

项目	一片三叶草	一粒小石子	一段生锈铁丝	一个蜗牛壳	一枚白色鹅卵石
备注					

（2）整个活动在15分钟内完成。

（3）只能在校园内收集。

（4）每样物品最多可搜集2份。

（5）每收集一样物品小组可加0.5分。

（6）凡在截止时间之前所有成员到齐的小组可加0.5分。

（7）凡有成员迟到的小组，每人每迟到1分钟扣0.5分。

（8）"寻宝"结束后，各组之间相互检查统计。

2. 注意事项

（1）学生出发"寻宝"前，强调安全、保持安静，不能打扰其他上课班级。

（2）提前给每个小组发放"统计表"，方便彼此检查。

（3）教师要在教室做好时间统计。

3. 讨论分享

（1）在"寻宝"活动中，你对校园有了什么新的发现？有什么美丽的风景？

（2）在"寻宝"过程中，你在小组内听到了什么？看到了什么？对组员有哪些发现？

（3）你们小组有分工吗？在"寻宝"过程中有不同的意见时，你们是如何处理的？

（4）结合你的现实生活，谈谈这个"寻宝"活动对你有什么启发。

4. 教师小结

生活处处是风景，美好的事物其实一直都在我们身边，就看我们是否有发现美的眼光、感知美的能力和创造美的兴趣。"寻宝"是一件新奇又有趣的事情，当大家在校园里为了小组的同一个目标尽力寻找时，相信你的心中也充满了对这个集体的热爱和责任。在这过程中，你或许会发现校园里平时被你忽略的风景，甚至会发现一些小秘密，这都是属于你们集体的美好回忆。当小组拿到清单时，如果没有分工，大家胡乱地去找，会浪费部分时间。正是因为有了小组内合理的分工、彼此的协调，大家才能在这么短的时间内完成任务。正所谓"一个人可以走得很快，但一群人却可以走得很远"。在这个新班级中，正因为有了每一个不可替代的"你"，大家彼此协调合作，才能让这个班集体更好、更团结。多一些观察，慢下脚步，用心感受，校园里有更多美丽的风景等着你来发现。

（三）活动变化

1. 主题活动的变化

"寻宝清单"的内容，可以根据每所学校的具体情况，重新设置。教师也可以提前在校园的某些角落留下物品，让成员根据线索去寻找。

2. 其他替代性活动——追踪挑战

（1）活动规则：教师提前在校园的某些标志性地点留下任务清单和挑战工具，每一个小组都会领取到第一个地点的谜语（各小组不同），通过猜谜找到地点，然后完成任务，拍照证明。

（2）谜语任务如表7-2所示。

表7-2 谜语任务

谜面	谜底	任务
颜如玉、黄金屋	图书馆	现场默写一首古诗，并带回教室
锄禾日当午，汗滴禾下土	食堂	用所给纸牌搭高塔，越高越好。拍照测量高度，带回教室
28米×15米	篮球场	小组成员共同完成连续跳大绳20次
蜡炬成灰泪始干	教师办公室	找任何一位老师，向他/她介绍自己，并索要签名，拍照

简约点评 ⬦⬦⬦⬦⬦⬦⬦⬦⬦⬦⬦⬦⬦⬦⬦⬦⬦⬦⬦⬦⬦⬦⬦⬦⬦⬦⬦⬦⬦⬦⬦⬦⬦⬦

校园寻宝，创设了一次亲子共游校园的机会，在"寻宝"的途中，让学生和家长再一次领略校园的美景，并且为了目标的达成，亲子之间有合作，也有分工。在培养孩子审美情趣的同时，也促进了亲子交流。

第八章　科学精神形成

理性思维

平　衡　单

设计背景

人生面临着无数的选择，每一个不同的选择构成了我们独特的人生。高中时期属于青少年职业探索阶段，这个阶段的学生面临着学科、专业、大学的多项选择，而这些选择的结果又会影响着他们未来的人生。在选择时不仅需要学生具备理性决策的能力，同时也要学会从尊重事实的角度进行决策。而高中生在作决策时常常表现出简单化和功利化，科学合理地分析利弊以及整合自我特点与现实条件作决策的能力有待提高。在决策的过程中，有时候也会因为家长与孩子的思维方式不同而导致决策困难，甚至引发亲子冲突。因此，家长了解相应的决策知识，也有助于亲子关系的和谐。

活动目标

1. 帮助学生了解自己的决策风格。

2. 学会使用决策"平衡单"进行理性决策。

3. 教会学生运用科学的思维方式认识事物，解决问题，培养其理性思维。

4. 家长通过体验活动的参与，进一步了解孩子的决策风格，有助于理解孩子作出的决策。同时也能让家长反思自己在作决策时是否秉持着理性思考的原则。

设计思路

本节活动课以"非正式评估"为热身活动，通过趣味问答的方式让学生了解自己的决策风格。通过主题活动"平衡单"的体验，运用真实案例引入，学生练习使用平衡单。在讨论分享环节，让学生反思自己在使用时存在的问题并提出解决办法。

📖 活动准备

1. 物资准备：纸、笔。
2. 场地准备：室内。

📖 活动过程

（一）活动导入——非正式评估

1. 教师导入：路边有一片桃园，假如你可以进入桃园摘桃子，但只许前进不许后退，且只能摘一次，要摘一个最大的，你会怎么办？

A：我感觉这个大，就摘这个。

B：去问问看桃园的人，让他告诉我什么样的桃子最大，或者问问旁人。

C：桃子太多，真是没有办法确定哪个最大，还是走走再说吧。

D：对视野内的桃子进行比较，形成一个大概的标准，再依据这个标准选择最大的桃子。

E：稍微比较，迅速摘一个。

2. 根据你的第一直觉，迅速选择一个答案。

3. 教师揭晓答案：

A：直觉型，以自我判断为导向，在信息有限时能快速作出决策，发现错误时能迅速改变决策。

B：依赖型，决策者往往不能够承担自己决策的责任，允许他人参与决策并共同分享决策成果。

C：回避型，拖延、不果断，不考虑未来的方向，不做准备，目标不明确，也不思考，更不寻求帮助。

D：理智型，强调综合全面地收集信息，理智的思考和冷静的分析与判断。

E：自发型，不能够容忍决策的不确定性以及由此带来的焦虑，是一种具有强烈即时性，并对快速作决策的过程有兴趣的类型。

（二）主题活动体验——平衡单

指导语：通过刚才的非正式评估，大家对自己的决策风格已经有了一定的了解。在这样的风格下，我们如何才能科学有效地作出决策，帮助我们更科学合理地做出选择。接下来给大家介绍一个决策工具——平衡单。

1. 活动规则

（1）介绍平衡单。平衡单是一种重要的生涯决策工具，可以协助我们系统分析每一个选项，帮助判断分别执行这些选项可能存在的利弊得失，然后依据利弊得失上的计分排名确定各个选项的先后顺序。最后我们可以依据得分的高低做出选择。

（2）请每个人想一件最近需要做出选择的事件，例如分科选择、假期要不要上补习班、高考填报哪一个专业、去哪座城市上大学等。

（3）选定一个主题，然后列出可能的选项。在平衡单中列出2~3个潜在的选项。（如表8-1所示的生涯决策平衡单）

（4）判断各个选项在"考虑项目"中的利弊得失，用数字表明，以+5到−5的十一点量表计分。

（5）"考虑项目"的加权计分，决策者在每一个方面的利弊得失之间，会有因为身处不同情境的考量。因而在详细列出各项因素得分之后，需要进行加权计分。1~5分，1分表示最不看重，5分表示最看重。

（6）计算出各个选项的得分，把各选项的利弊得分与加权数相乘后再相加，计算出各个选项的总得分。依据得分高低排列选择。

表8-1　生涯决策平衡单

考虑项目 （加权分1~5）	选项一		选项二		选项三	
	利	弊	利	弊	利	弊
1. 适合自己的兴趣						
2. 适合自己的能力						
3. 符合自己的价值观						
4. 满足自己的自尊心						
5. 带来较高的社会地位						
6. 带给家人声望						
7. 符合自己理想的生活形态						

考虑项目 （加权分1~5）	选项一		选项二		选项三	
	利	弊	利	弊	利	弊
8. 带来优厚的经济报酬						
9. 拥有更多的社会资源						
10. 适合个人目前的处境						
11. 有利于未来择偶和家庭						
12. 有利于未来发展						
合计						
利弊分差						

2. 讨论分享

（1）在填写生涯决策平衡单时，你遇到了什么困难？

（2）除了以上"考虑项目"的影响之外，还有哪些因素影响着你的决策？

（3）平衡单的结果对你未来作决策有什么启示？

3. 教师小结

我们的决策风格常常会影响我们最终的决策。而采用"平衡单"的形式，对照需要考虑的项目逐一思考，理性分析，用数字化的结果帮助我们作出理性决策。

（三）活动变化

1. 主题活动的变化

平衡单里面的"考虑项目"可以依据个人的需求做出调整和改变。

2. 其他替代性活动

利弊分析法

（1）活动规则

①想一个近期让你两难的选择，如果没有，可以假设你对两种职业需要做出选择。

②先列出A职业的优点和缺点，尽可能多地想，对每一条进行1~5分的打分。

③再列出B职业的优点和缺点，尽可能多地想，对每一条进行1~5分的打分。

④把A、B两种职业的优缺点得分分别进行比较，做出选择。

（2）分享要点

在列举缺点的过程中你遇到了什么困难？你如何看待最终选择的结果？这对你以后作决策有何启发？

简约点评 ◇◇◇

平衡单的使用为家长和孩子们提供了一次现场模拟的机会，将他们日常生活中存在的两难选择进行具体分析，家长也进一步理解了孩子在作每一个决定时可能存在的干扰因素。开展这样一系列的梳理、分析活动，有助于提升孩子的理性思维能力。

我的情绪我掌控

设计背景

情绪是人对客观事物的主观态度体验。随着认知能力和意识水平的提高，高中生的情绪体验呈现延续性、丰富性等特点。高中阶段，情绪爆发的频率降低，心境的延长时间加大，加上情绪控制能力的提高，情绪体验的时间延长且稳定性高。但同时也存在个体差异，在实际教学中，部分同学对自己的情绪难以掌控，以至影响了正常的学习和生活。他们难以区分事实和想法，从而让负面的想法不断激发出消极的情绪。家长情绪的稳定性会影响亲子关系的质量。核心素养中提到："尊重事实和证据，有实证意识和严谨的求知态度；逻辑清晰，能运用科学的思维方式认识事物、解决问题、指导行为"。本节活动课旨在让参与者通过认知行为方法的体验，了解自己情绪背后的想法，通过改变想法来掌控情绪，培养理性思维。

活动目标

1. 帮助学生有效识别个人情绪。

2. 学会使用认知行为方法找到情绪背后的想法。

3. 学会通过积极调整想法改善情绪。

4. 运用认知行为方法掌控情绪，学会尊重事实和证据，运用科学的思维方式认识事物，培养理性思维能力。

5. 家长通过主题活动的体验，不仅能学习到有关情绪的专业知识，更能通过理性思维分析自己情绪背后的想法来学会理性管理自身情绪。在提升自身情绪管理能力的同时，有助于理解孩子的情绪，改善无效的亲子沟通，提升亲子情感融洽度。

设计思路

本节活动课以"抓住快乐"为热身活动，使学生在欢乐的课堂氛围中迅速投入，借此引出主题活动"我的情绪我掌控"。活动通过介绍认知行为方法，并运用案例演练，加固学生的认知。在讨论分享环节，引导学生将所学知识迁移到现实生活中，提升情绪管理能力。

📖 活动准备

1. 物资准备：纸、笔。

2. 场地准备：室内。

📖 活动过程

（一）活动导入——抓住快乐

1. 活动规则

老师提前编写好一段含有若干个"快乐"一词的语段。小组围圈而坐，每人伸出自己的左手，放于身体左侧，掌心朝下；竖起自己的右手食指，放在右边同学的左手下方。听老师口令，当听到"快乐"两个字时，左手飞快地捉住同学的食指，右手同时飞快地逃开。

2. 讨论分享

你捉到了几次"快乐"呢？心情如何？被别人捉住几次呢？心情如何？

3. 教师小结

刚才让大家体验了一下情绪的变化，生活中我们无时无刻不在体验着各种各样的情绪，那我们的情绪是怎么来的呢？它背后又有着怎样的想法呢？我们自己能掌控情绪吗？我们一起来做个练习吧！

（二）主题活动体验——我的情绪我掌控

1. 知识讲解

如图8-1所示，认知行为方法认为人的情绪产生并不是由你经历的事件引起，而是由你对这件事情的解释（认知）来决定的。同样的一件事情，你的想法不一样，情绪体验就会大不一样。采取的应对行为也会不同。具体实例如表8-2所示。

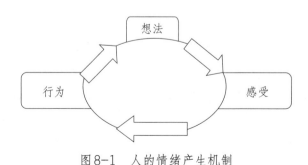

图8-1　人的情绪产生机制

表8-2　人的情绪产生实例

想法	感受	行为
我完全没有办法和陌生人沟通	恐惧、紧张	我不会和他们说话，沉默
学校里没有人喜欢我	悲伤、愤怒	远离同学、逃课

2. 活动规则

（1）请每个人回想你最近一次开心的时候，写下或者画下你当时在思考什么？你当时的感受是什么？你做了什么？

（2）请每个人回想你最近一次不开心的时候，写下或者画下你当时在思考什么？你当时的感受是什么？你做了什么？你是否陷在了消极的情绪中？

（3）小组内分享你在不同情绪下的想法和接下来采取的行为并补充图8-2。

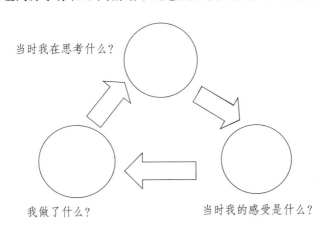

图8-2　不同情绪下的想法和行为

3. 讨论分享

（1）影响我情绪的是什么？怎样才能调整我的情绪？

（2）我们怎样才能换一种处理问题的方式，从而改变我们的感受和做法？

（3）我们怎样才能对生活中的情绪有更多的掌控？

4. 教师小结

我们的情绪来源于我们对事物的解释，也就是我们的想法。当我们具有积极的想法时，我们会更容易体验到积极乐观的情绪，从而做出有效解决问题的行为。而当我们陷入消极思维的时候，我们的情绪也会随之变得消极，在这样的状态下，我们很难找到解决问题的办法，生活也会陷入一片混乱。因此，在情绪低落的时候多问问自己在想什么，梳理自己情绪背后的想法，这样才能理性地调整消极的情绪。

（三）活动变化

1. 主题活动的变化

在主题活动中也可以给出一些贴近学生生活的案例，让学生区分情绪背后的想法。

2. 其他替代性活动——分辨事实和臆想

（1）案例解析

高中生小明，舅舅给他买了一款最新的游戏手办，他带到班里向同学炫耀了一番。可是放学回家后，他发现游戏手办不见了，小明就想：一定是被同桌小刚偷走了。于是第二天他仔细地观察，发现小刚的表现很不正常，从神态到举止，怎么看怎么觉得小刚就是偷东西的人。后来小明在自己书包夹层里找到了游戏手办，当他再看小刚的时候，就觉得他不像是偷东西的人。

提问：

①这个情境中的事实是什么？

②这个情境中的臆想是什么？

③事实和臆想之间的区别是什么？

④事实和臆想会给你带来什么结果？

教师小结：

情境中的事实是，小明的游戏手办不见了；臆想是，猜测是小刚偷的；区别在于事实是有依据的，亲眼所见、亲耳听闻，而臆想只是猜测，无凭无据。臆想有时候会令我们扭曲了对事物或人的真实看法，从而引发消极心态。

（2）分辨练习

要分辨事实与臆想并不困难，我们可以根据线索词将臆想从事实中分辨出来。请把下面的陈述句改写成事实陈述句。（括号内为参考答案）

①我的班主任不喜欢我，即使我用尽了全力，都不能使他满意。

（我用尽了全力，但是班主任还是不满意。）

②我把好朋友借给我的书弄丢了，她肯定很生气，她会觉得我是个不负责任

的人，我们的友谊完了。

（我把好朋友的书弄丢了，我很担心她会很生气。）

（3）分享要点

我们常常混淆了事实和臆想，在臆想中感受事物和表达自己，因此常常会歪曲事实。假如我们换一个角度，在积极的信念下去看事实，那么就会少很多消极的臆想，人生也会少很多自找的烦恼。

简约点评 ◇◇◇◇◇◇◇◇◇◇◇◇◇◇◇◇◇◇◇◇◇◇◇◇◇◇◇◇◇◇◇◇◇◇◇◇

主题活动的体验，让参与者回想自己过往情绪体验事件，并进行理性分析。更加理性直观地看到情绪背后的想法，能帮助亲子在沟通中培养情绪觉察意识和能力，使沟通更加理性。

◇◇

批判质疑

积 极 思 维

📖 设计背景

高中阶段是学生思维发展的黄金时期。其思维特点是从形象思维逐渐向抽象思维过渡，理论思维的发展有力地促进着辩证思维的发展，从而形成了抽象思维和辩证思维协调发展、相互促进的新局面。在这一阶段有针对性地训练学生多角度、辩证地分析问题，作出选择和决定，有利于培养学生批判质疑的科学精神。高中生在遇到挫折或挑战时，应该具备辩证、批判地运用积极思维思考判断的能力。学会分析不同立场的利与弊，养成独立思考和判断的能力。

📖 活动目标

1. 帮助学生觉察并消除不利于积极思维的"受害者"思维模式。

2. 学会用利弊分析法多角度处理生活中遇到的困难和挑战。

3. 培养学生用"责任者"的思维模式分析问题。

4. 教会学生多角度、辩证地分析问题，作出合理的选择和决定，促进其批判精神的形成。

5. 为家长提供批判质疑和辩证理解孩子的思维角度，促进家长对孩子思维特点的理解，有助于亲子关系的发展。

📖 设计思路

本节活动课以"快速问答"为热身活动，通过学生对一些词汇的快速反应，检测学生平时在生活中的思维方式大致是积极的还是消极的，同时也为后续的主题体验活动作了情感和知识的铺垫。"受害者游戏"中，设置了学生生活中常见的场景，并让学生沟通做利弊分析和批判性的思考，同时学会运用"责任者"思维模式替代"受害者"思维模式。在讨论分享环节，引导学生将体验中的所学所感运用于现实生活。

📖 活动准备

    1. 物资准备：快速问答卡。

    2. 场地准备：室内。

📖 活动过程

    （一）活动导入——快速问答

    （1）教师念出问答卡上的词汇，学生迅速地写出自己听到这个词语的第一个想法。

    （2）看一看你对每一个词汇的回答是积极的还是消极的，想想为什么会这样。

    （3）请每个学生在消极想法后面写下原因。如果都没有，那么请你写下两到三件最近遇到的令你烦恼或郁闷的事情。

    （二）主题活动体验——受害者游戏

    1. 活动规则（一）

    （1）教师呈现一些观点（消极的责备观点），请每个学生分别写出这些观点的利与弊。能想到多少写多少。

    立场A：

    ①每次回家都被妈妈唠叨，我无法专心学习，只想玩手机逃离。

    ②都是因为老师讲得太快了，我听不懂，所以才上课睡觉的。

    ③又不是我一个人在自习课讲话，大家都在讲啊。

    ④不是我不想写作业，是这个作业太难了。

    （2）全部写完之后，请大家交流自己写的利弊。

    （3）请大家写下自己最近遇到的一个难题或者烦恼，分别写下这件事情的利弊。

    2. 讨论分享（一）

    （1）在你的生活中，老师、家长和朋友是如何介入你的生活并引起一些相似问题的？

    （2）你真的相信你对这些问题的看法？你的看法正确吗？

3. 活动规则（二）

指导语：在生活中我们常常持有上面立场A的想法，我们称之为"受害者"。也就是他们以"受害者"的心理思考问题，不再为自己的行为负责，甚至会做出不恰当的行为，将责任推给他人。而这并不利于问题的解决。那有没有什么方式能让我们从"受害者"的角色中逃离，成为一个胜利的、负责任的人呢？

（1）请针对立场A所描述的情境，尝试换一种思维方式，完成积极思维下的立场B观点。

（2）全部写完之后，请同学们在全班分享。

4. 讨论分享（二）

（1）当你用立场A的观点想问题的时候，你的感受如何？你决定怎么做？

（2）当你用立场B的观点想问题的时候，你的感受如何？你决定怎么做？

（3）你觉得如何才能更好地从立场A转变为立场B？需要做些什么？

5. 教师小结

每一种思维方式都会存在利与弊。当我们把自己作为一个受害者的时候，我们就会习惯性地用"受害者"思维想问题，并不愿意去承担责任和解决问题。而在我们明白不同立场的利与弊之后，我们要学会为自己的想法和感受负责任。一旦你这样认为，那么思维方式就会朝着"责任者"的角度扩展，也更容易把关注点放在问题解决上，而不仅仅是抱怨和指责。

（三）活动变化

1. 主题活动的变化

在活动中，老师可以提前给出立场A的想法，也可以通过头脑风暴的方式现场产生立场A的例子。如果参与者一个人思考时难以完成利弊分析，也可以通过小组合作的形式共同完成。

2. 其他替代性活动

平衡视角

（1）活动规则

①请每个人写出一个令自己困扰的问题，然后列举出你的解决方案。

②分别写出每个解决方案的积极影响和消极影响，完成表8-3。

表8-3　困扰问题的解决方案

困扰问题：

解决方案	积极影响	消极影响

③小组内进行分享交流。

④思考一下，然后反思，衡量这些影响，然后做出解决这个困扰问题的最合适的方案。

（2）分享要点

你在作决策的时候如何用批判性思维权衡利弊？

简约点评

积极思维方式的培养，对于学生及家长的成长都很有帮助。通过体验式活动，帮助他们更多地了解自己行为背后的想法，并学会辩证思考与选择，有助于亲子批判质疑能力的提升。

我有我想法

设计背景

　　高中生在面对不同的事物和观点的选择时，往往会很茫然，甚至习惯于听从同伴的选择。因此，在面对信息选择时，他们是否已经具备了批判性思维、理性决策的能力？批判性思维作为核心素养的重要组成部分，其意义在于更新知识。在遇到不懂的问题的时候懂得及时去提问，学会提问，辩证思考，理性决策。本节活动课用一些生活小常识激发学生的兴趣，通过辩论的方式质疑、论证自己的观点，训练学生学会提问的思维，从寻找适合提问的时机和提问的注意事项等方面入手，唤醒学生独立思考的意识，培养他们善于质疑、积极论证的能力以及批判质疑的精神。

活动目标

　　1. 认识到在学习过程中懂得质疑以及掌握质疑技巧的重要性。

　　2. 体验通过独立思考解决难题的愉悦感及成就感。

　　3. 培养学生独立思考的意识，在学习中养成主动思考的习惯。

　　4. 通过辩论，促进学生批判质疑思维的发展。

　　5. 家长在参与主题辩论的过程中，不仅可以了解不同的观点、拓宽自己的视野，也能了解孩子的独立思考能力。加深家长对自己孩子的了解，促进亲子关系融洽。

设计思路

　　本节活动课首先通过视频导入，帮助学生感受盲从对生活的影响。通过生活中习以为常的知识或观点，引发讨论，进行质疑。激发学生独立思考、敢于质疑的精神，促进学生批判思维的发展。

活动准备

　　1. 物资准备：视频。

　　2. 场地准备：教室。

活动过程

（一）活动导入——观看视频《一个有趣的实验：从众心理》

在现实生活中，你有没有遇到过这样的状况：当你身边的人都在做某一件事情，而你又不知道原因的时候，你是会和他们一样做呢？还是会提出质疑，进行判断后再作出决策？

（二）主题活动体验——我有我想法

1. 活动规则

（1）提前收集一些生活中的观点，供大家在课堂上讨论。

例如：

①牙膏价格越贵质量越好，刷得越白。

②早起读书精神好，效率高。

③每天要睡够8小时才是健康的睡眠。

……

（2）主持人逐一呈现观点，让学生进行选择"认可"或"不认可"。

（3）做完选择之后，让不同选择的学生分别对自己的选择进行论证。

（4）每一轮论证结束后，有不同意见的学生可以提出质疑。

（5）注意事项：根据课堂的时间掌握论证的轮数。

2. 讨论分享

（1）在作出判断的过程中，最重要的影响因素是什么？

（2）你在做选择时，是如何思考的？

（3）要论证你的观点时需要注意什么？

（4）在你作判断和决策时，需要注意什么？

3. 教师小结

在错综复杂的信息时代，我们面对海量的资讯，要作出准确的判断，首先要有独立思考的意识和能力，要善于提出问题，然后去论证。而不仅仅是听从大多数人的观点，不加思考地进行选择。我们以后在遇到问题的时候要积极思考，敢于提出自己的观点并加以验证。

（三）活动变化

1. 主题活动的变化

可以依据学生水平提出不同的问题。

2. 其他替代性活动——你会提问吗？

（1）活动规则

一名学生到台前来作为被采访者。被采访者要选取一个具体的事物作为谜底。其他学生充当记者，自由向被采访者提出问题，但是你所提出的问题必须以"是"或"不是"作为答案，采访者要据实回答，大家提问，直到有人猜中为止。

（2）注意事项

①根据课堂的时间调整猜几轮。

②如果有些内容实在很难猜到可以限制问题的数量，例如"最后三个问题"。

（3）讨论分享

①在提出问题的过程中你有遇到什么困难吗？是如何解决的？

②我在活动中提出问题了，是因为什么？

③我在活动中不能提出问题，是因为什么？

④准确地提出你想问的问题需要注意什么？

⑤在你平时为解决学习问题寻求帮助的时候，提问需要注意什么？

简约点评

"我有我想法"辩论活动为家长和学生创设了一个宽松、自由地表达自己观点的机会，有助于促进亲子沟通中的平等表达，鼓励孩子积极思考、批判质疑、理性表达。

勇于探究

突 破 常 规

设计背景

思维能力是学习能力的核心，它影响着我们的问题解决能力。当习惯于某种固定思维方式的时候，我们常常不能创造性地解决问题，而总是为思维的条条框框所限制，导致事倍功半。我们如果具备了创造性思维、突破常规思维的能力，就能创造性地想到解决问题的办法，达到事半功倍的效果。在多元、开放的新时代背景下，高中生的思维方式决定了未来的创新能力。墨守成规、因循守旧的定式思维很难具备创造力。新时代需要敢于大胆尝试，善于突破常规思维的创新能力。高中生处于思维发展的活跃时期，思维的开放性和包容性较强。因此，通过训练培养学生自觉突破常规思维的意识，保持好奇心与想象力，提升其不断创新、探究、积极寻找有效解决问题的能力，促进学生勇于探究的科学精神的形成。

活动目标

1. 引导学生突破常规思维，跳出思维定式，创造性地解决问题。

2. 体验思维定式对解决问题的束缚。

3. 引导学生学会拓宽视野，利用周边资源和环境助力问题解决。

4. 鼓励和强化学生自觉尝试新思维，积极有效地寻求问题解决办法，促进学生勇于探究的科学精神的形成。

5. 启发家长思考亲子沟通中勇于探究与突破常规沟通方式的重要性。

设计思路

本节活动课旨在让学生体验定式思维对问题解决的局限性。尝试突破常规、创造性解决问题。以热身活动"一笔变新字"营造开放、活跃的课堂气氛，引导学生突破常规思维。"九点连线"的主题体验活动，提升了思维难度，让学生在体验的过程中训练突破常规思维的能力，并能体验问题解决的快乐感。在讨论分享环节，引导学生将活动中的感悟和启发迁移到自己的学习生活中。

📖 活动准备

1. 物资准备：每人两张空白纸；每人一支铅笔；粉笔若干。
2. 场地准备：有黑板的室内。

📖 活动过程

（一）活动导入——一笔变新字

活动规则：

（1）教师在黑板上写出"人"字，要求所有人在自己的白纸上写上"人"字，字迹规范工整。

（2）请大家在这个字上添加一笔，使其变成一个新的字，要求这个字是现代汉语词典中承认的标准汉字，而不是自己造的字。

（3）限时5分钟，写出来的字越多越好。

（二）主题活动体验——九点连线

指导语：刚才大家的思维在不断地高速运转，努力想出更多的汉字，这是对大家思维的一个考验，需要摆脱定式思维的阴影，需要更具突破性的逆向思维和多向思维，那接下来我们再来体验一下更具挑战性的活动，相信大家一定会有不一样的收获。

1. 活动规则

（1）教师将九点连线图（如图8-3）画在黑板上或呈现在显示屏上。请全体学生开动脑筋，如何只用四条连续相接的直线（每条直线必须相连，而且不能互相重叠），将这九个点连接起来。

（2）每人一张白纸和一支铅笔，请独立思考，不要交流。

（3）限时10分钟，让学生充分尝试。

（4）请完成的学生上黑板演示。

（5）教师提供正确答案（如图8-4）。

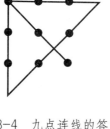

图8-3　九点连线图　　　　　图8-4　九点连线的答案

2．讨论分享

（1）在活动中你有什么感受和想法？

（2）在我们尝试的过程中，哪些想法影响了我们？

（3）有什么关键性的环节可以帮助我们摆脱思维困境？

（4）这个活动对你的学习和生活有什么帮助？

3．教师小结

（1）突破常规思维：在连线中，我们的注意力总是集中在这九个点上，而问题解决的关键在点以外的空间，规则里没有说明线不能在点构成的区域范围外，但我们的大脑习惯性地给了一个设定。创新也是如此，当我们把思维僵化在条条框框之内时，很难有出其不意的想法，但如果我们能"跳"出来，不拘泥于常规形式，那么很多有创意的点子就会冒出来。

（2）逆向及多向思维的培养：思维并不是直线型的单向思维，有时候在解决问题时，如果能通过答案推理，逆向思考，并能扩展成"立交桥"式的多向思维，那么创新的想法也会枝繁叶茂般不断生长。

（3）借助有效资源：在完成活动中，我们跳出了九点图，借助了延长线来连接，思路就会豁然开朗。在学习和生活中，我们不应局限在自己的思维和能力中，而更多地利用周边资源、借助他人的力量和集体的智慧更能让问题迎刃而解。

（三）活动变化

1．主题活动的变化

在活动体验中，除了独立思考完成，也可以以小组的形式讨论完成，考察合作能力。

2. 其他替代性活动——均分图形

过程：

（1）每个同学在白纸上画出如图8-5所示图形，内部小正方形的面积是外部正方形的四分之一。

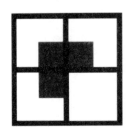 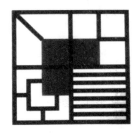

图8-5　白纸上所画图形　　　　图8-6　展示结果

（2）每个同学独立完成或者以小组的形式合作完成以下任务。

①请用线段将左上角正方形的空白处二等分。

②请用线段将左下角正方形的空白处三等分。

③请用线段将右上角正方形的空白处四等分。

④请用线段将右下角正方形的空白处七等分。

（3）老师必须在上一步解决后再逐渐呈现下一步的任务。

（4）展示结果（如图8-6），如果有同学在第三步顺利完成，那么请他分享展示，然后全体一起完成第四步。

分享要点：活动中你的感受和想法？在我们尝试的过程中，哪些想法影响了我们？本次活动给你的启发是什么？

简约点评 ◇◇◇

　　丰富有趣的体验活动，不仅突破常规思维，给参与者耳目一新的感觉，并能让亲子在探究过程中进行思维的碰撞，增进亲子情感的沟通。

不！可能

设计背景

　　高中和初中之间的学业难度存在着较大的差异。有些学生在初中成绩优异，自信心很强，但在高中经历了多次的学业挫败之后，原本的自信心受到冲击，甚至部分学生会出现遇到困难退缩、不敢挑战的情况。在学业上遇到挑战时，会怀疑自己的坚持没有意义而选择放弃，而不是坚持不懈地探索并尝试新的方法解决问题。如果不及时调整，这样的心态会一直影响他们的高中生活，从而降低自我效能感，不利于成长。在核心素养中提到培养学生"能不畏困难，有坚持不懈的探索精神；能大胆尝试，积极寻求有效的问题解决方法"。本次活动课旨在让参与者亲身体验如何把看似"不可能"的事情，通过大胆尝试、寻求方法、多加坚持，变成可能的事情，以此激发他们的自信心，培养正确对待困难，勇于探究、敢于挑战、突破自我的科学精神。

活动目标

　　1. 激发学生的好奇心和想象力，学会换角度思考，突破常规解决问题。

　　2. 促进学生养成勇于尝试、敢于挑战的精神。

　　3. 在活动中提升学生团队合作的技巧和能力。

　　4. 培养学生形成不畏困难，坚持不懈探索，积极寻求问题解决方法的核心素养。

　　5. 家长在主题活动的体验中，不仅能觉察自己在遇到挑战时的情绪变化，也能很好地观察孩子的情绪表达及解决问题的方式，有助于培养亲子勇于探究、敢于尝试的核心素养。

设计思路

　　本节活动课旨在培养学生不畏困难、勇于探究、大胆尝试的科学精神，激发其想象力和突破常规解决问题的能力。以热身活动"抓手指"营造专注、遵守规则的课堂氛围；再引入"铁钉游戏"，提出问题，给学生充分的时间讨论、思考、尝试，并创造性地解决问题。在讨论分享环节，将活动中的感悟迁移到现实生活中，鼓励学生面对困难时采取合理应对方式。

📖 活动准备

1. 物资准备：铁钉子（每组13根）、泡沫板（每组一块，用于固定）。
2. 场地准备：空旷的室内。

📖 活动过程

（一）活动导入——抓手指

规则：请伸出你的左手食指朝下，再摊开你的右手手掌朝上，然后把你的左手食指放在左边同学的右手手掌上，当听到"团队"这个词时就请迅速用右手抓住上方的食指，同时左手食指迅速逃离下方的手掌，以免被抓。

指导语：今天，我很高兴能参加这样的团队活动，我们团聚在一起，像一个快乐、团结的大家庭。在团队活动中，我们要表现出勇敢、团结和有担当的班级精神，体现我们团队的力量，积极发挥团队的凝聚力，用我们的实际行动证明我们是一个积极的团队而不是团伙！

分享：如何才能迅速逃离并抓住别人的手指？（反应迅速、专注聆听、遵守约定）

教师小结：没错，全体同学集中注意力很重要，就像我们今天的课程，每一个同学专注、投入地参与非常重要，也希望大家在接下来的活动中记住这一点。

（二）主题活动体验——不！可能

1. 活动规则

在不借助外力的情况下，用一根钉子托起其余的12根钉子，你觉得是否可能呢？

（1）每6～7个人一组，每组13根钉子、一块泡沫板。

（2）先把一根钉子直立地插在泡沫板上，把泡沫板放在地上或桌面上，使铁钉与地面垂直。

（3）然后把其余12根钉子放在直立的那根钉子上，这12根钉子只能碰到钉子，不能碰到其他任何东西，也不能借助任何的外力。

（4）可以在地板上操作，按要求把12根钉子放在一根钉子上就可以了，完成的小组举手示意老师，老师确认是否挑战成功。活动参考图如图8-7所示。

图8-7　活动参考图

注意事项：

（1）老师注意对规则作严谨的解释，除了直立的那一根钉子外，其他的12根钉子不可以触碰泡沫板。

（2）在学生思考很久都没有头绪时，教师可以询问大家对于问题解决的决心是否还是那么坚定。教师可以及时给予一定的引导，也可以让每组派一个代表到其他组学习。

2. 讨论分享

（1）整个挑战过程中，你的心情是怎样的？有何种变化？

（2）你感受到整个小组的状态是怎样的？（听到什么？看到什么？感觉到什么？）有何变化？对你有怎样的影响？

（3）你怎么看待解决问题时遇到的困境？如何创造获得挑战成功的机会？

（4）刚才的挑战对于你的生活有何启示？

3. 教师小结

我们在挑战中的情绪变化会影响我们对问题解决的思考。我们本身甚至团队成员对于挑战成功的信念、表现出的情绪都会影响我们尝试的积极性和解决问题的创造性。

解决问题的潜能和我们的实践活动也有很大的关系，有人说"只有想不到，没有做不到"，但想到了，我们就要去积极实践，采取行动，而不要停留在凭空猜测和讨论上，勇于挑战尝试、敢于突破固有思维是我们挑战成功的关键。如果我们在刚才的尝试中连想都不敢想，那怎么能成功呢？当要做某件事情的信念很坚定时，我们是不是都能创造性地想出很多办法？学习同样如此，当你相信自己可以学好的时候，你就会勇于面对困难，愿意去想办法，去创造一切可以学习的机会，利用一切可以利用的时间，那么成功的概率也就明显提高了。因此，当我们有这个可能的信念，并且多角度去思考问题时，那些看似不可能的难题就被我们攻克了。挑战成功的秘诀：信念、决心、勇于挑战和突破思维。所以面对困难时，我们要说："不！可能！"

（三）活动变化

1. 主题活动的变化

如果找不到泡沫板，在活动中可以使用土豆块儿或者其他可以固定直立铁钉的物品代替泡沫板。

2. 其他替代性活动

穿越A4纸

（1）活动道具

每组3张A4纸，每组一把剪刀。

（2）活动规则

①每个小组3张A4纸，其中2张用于练习，1张小组展示时用。

②每个小组利用现有工具，一起努力，使小组成员都能够从A4纸的一面穿越到另一面，并保证纸张四周的完整性。

③小组完成后，纸张还可以恢复成最初的轮廓形态。

分享要点：活动过程中的心情有哪些变化？小组成员之间如何沟通？如何产生最终的解决方案？如何看待问题解决时遇到的困难？这个活动对你有何启发？

简约点评 ◇◇◇

钉子游戏，给家长和孩子创设了富有挑战的情境。在思考、讨论、尝试、失败、再挑战的过程中，不断体验勇于探究的信念对于团队成功的积极意义。

第九章　学会学习自构

思维大爆炸

📖 设计背景

学生不仅要乐于学习，还要学会学习。在影响学习的非智力因素中，思维力和创造力非常重要。现代社会需要的不仅仅是常规人才，对具有创造性思维的精英人才的需求更为迫切。培养高中生的创造性思维，拓宽思维的广度和深度，有利于形成良好的思维习惯，激发他们主动学习的动力，提升自主学习的能力。

📖 活动目标

1. 体验创造性思维的力量。

2. 帮助学生挖掘个人的创造性思维潜力。

3. 引导学生勇于尝试，努力探索，掌握更多适合自身学习的思维方式，具备终身学习的意识和能力。

4. 家长在参与体验或主题活动中，激活大脑的创造性思维，训练了大脑思维的广度和深度，同时也有机会观察孩子的思维水平，从而帮助孩子提升乐学善学的核心素养。

📖 设计思路

本节活动课以"脑洞大开"为热身活动，通过对某一图形的丰富联想，帮助学生拓宽思维，理解创造性思维。主题活动"思维大爆炸"，通过激活多角度的思维能力，促进学生敢于尝试、积极参与，体验创造性思维的力量。在讨论分享环节，引导学生将活动中的感悟自觉迁移到日常学习生活中。

📖 活动准备

1. 物资准备：纸、笔、笔记本、计时器。

2. 场地准备：宽敞的室内。

📖 活动过程

（一）活动导入——脑洞大开

1. 活动规则

（1）老师呈现一个圆的图形，全班尽可能多地想象它是什么。

（2）学生随意回答，老师黑板记录。

（3）板书归纳：符号类、食品类、文具类、器官类、星体类等。

2. 教师小结

可见同一个图形在不同的人看来会有不同的答案，一个问题从不同的角度思考，答案会超乎你的想象。这就是我们平时说的发散性思维，它能激发我们的创造性思维。接下来我们一起来感受一下创造性思维的魔力吧。

（二）主题活动体验——思维大爆炸

1. 活动规则

（1）活动分三个环节，在每一个环节中呈现不同的事物，使学生充分发挥想象力，拓宽思维联想越多越好。

（2）第一个环节：看谁想的多

①写出由三个相同的字组成的字，例如"晶"。

②限时一分钟，看谁写的最多。

③说完规则再发纸，统一计时，写完小组内分享。

（3）第二个环节：看谁想得广

①向成员展示一本笔记本，请大家分小组讨论它的用途，一人负责记录。

②限时两分钟，越多越好。

③全班分小组展示。

（4）第三个环节：看谁想的最特别

①请各组以笔记本为唯一道具，编排一个一分钟的二人哑剧。

②准备时间3分钟，小组轮流表演，其他小组为该剧起名字，越多越好，自行记录。

③全部结束后，小组内分享自己为其他组的哑剧取的名字，并说说为什么想到这个名字？

④每个组给其他小组的哑剧选一个最特别的名字，并请命名者在全班分享。

2. 讨论分享

（1）这些字里有你不认识的吗？你常用这些字吗？现在还有已经想到但没时间写的字吗？

（2）在其他组想到的用途中，有哪些是让你眼前一亮的？你想知道他是如何想到的吗？

（3）在看哑剧时你想到了什么？你的感受是怎样的？

（4）你在起名字的时候，灵感来自哪里？

3. 教师小结

在刚才所有的活动中，尽管题目只有一个，但是我们的答案却是丰富多彩的，只要大家多角度、多层次地去思考，答案就会更加丰富。创造性思维不仅体现在流畅性上，想到的越多越好，还体现在灵活性上，摒弃固有思维，开创新思路，更体现在独特性、突破常规方面。要具备这样的创造性思维就需要我们有足够多的知识储备，脑中有大量的信息，并且敢于去尝试，同时也要学会关注他人的思维方式，对事物时刻保持好奇心。

（三）活动变化

1. 主题活动的变化

可以根据学生情况和现场特点选择不同的字、道具来进行思维训练。

2. 其他替代性活动——干扰游戏

（1）活动规则

学生数试卷30张，在数的同时回答以下问题。

①两名学生到讲台演示，在数的过程中回答老师提出的问题，例如：5+6=？学号是多少？小学一年级的班主任是谁……

②学生数到30张试卷就停下来，互相核对，看正确与否。

③分组活动，小组长组织干扰活动，负责提问，小组成员轮流扮演被干扰者。

（2）注意事项

①问题不需要很复杂，简单一点更能体验到，再小的干扰对学习的影响也很大。

②除了体会声音的干扰，也可以体验在杂乱无章的环境中数数受到的干扰。

（3）讨论分享

①刚才你数数有正确吗？

②在刚才的活动中，你被干扰的时候感觉是怎样的？

③你在平时学习中有没有受到一些类似的干扰？主要是哪些？

④在以后的学习中，你可以做哪些事情去排除干扰？

简约点评 ◇◇

"脑洞大开"的体验活动，营造了活跃、开放的思维环境，激发了参与者积极参与的热情。家长不仅可以拓宽自己的思维，也能观察到自己的孩子在创造性思维方面的能力。

学科推介会

设计背景

影响学习的因素除了智力因素外，还有非智力因素。学习作为学生的每日主要任务，如果不能积极主动地乐于学习，那么长期被动、应付式的学习对学生的心理而言会有着极为不良的影响。学生的学习态度、学习兴趣、学习动机、学习成绩等对他们的学业发展和心理健康发展都有着非常重要的影响。如果学生在学习的认知、态度、情感等方面的发展较弱，那么在学习中他们会表现出自觉性、主动性和创造性较为缺乏。本次活动旨在激发学生对学习的动机，提升其对学科的兴趣，明确为谁而学，促进学生培养积极的学习态度和浓厚的学习兴趣，培养乐学善学的核心素养。

活动目标

1. 体验主动性在学习兴趣培养中的重要性。

2. 体验并感悟自己的学习与情感上的相互影响。

3. 激发学生对学科的兴趣，尤其是激发对薄弱学科的兴趣。

4. 引导学生自觉将美好的情感融入学科兴趣中，培养学习的积极态度和浓厚的学习兴趣。

5. 让家长更加全面地了解不同学科的特点以及孩子的学习内容，同时增加了亲子互动的话题，促进家长对孩子学业的理解。

设计思路

本次活动以"我和学科的距离"为热身活动，通过学生间的互动、情感的内省，更加直观地了解一个人对学科的兴趣和情感会直接影响学科学习，激发学生的学习热情，调动课堂的积极氛围。主题活动"学科推介会"，通过不同学科的特点、重要性、趣味性推荐介绍，让更多的学生深入了解学科，激发其对学科的兴趣。

📖 活动准备

1. 物资准备：海报纸、彩笔。
2. 场地准备：空旷的室内。

📖 活动过程

（一）活动导入——我和学科的距离

指导语：我们每个人在学习中都会有一些喜欢的学科，当然也会有不那么喜欢的学科，这些对学科的喜好程度会对我们的学习成绩产生怎样的影响呢？我们一起来体验一下。

1. 活动规则

（1）全体分成三人小组，分别代表A、B、C，三人围成一个圈。

（2）A说出自己最喜欢的一个学科和最不喜欢的一个学科，其中B扮演最喜欢的学科，C扮演最不喜欢的学科。

（3）A对B做出邀请、握手、拥抱等亲密的姿态，而对C做出指责、讨厌、逃离的姿态，A也可以通过调整和B、C的距离表示对他们的喜好程度。

（4）B和C分别根据A对他们的态度做出动作或者调整距离来回应。

（5）分别请A、B、C三名同学谈谈自己在刚才活动中的感受。

2. 教师小结

我们如何对学科，学科会以相应的方式来回应。例如，我不喜欢数学，很讨厌它，那么我的数学成绩肯定会用相应的分数来回应我。因而当我们主动地远离和厌弃这些学科的时候，这些学科的感受和反应就会如同C一样。

（二）主题活动体验——学科推介会

1. 活动规则

（1）各学科课代表为组长，自行选择一些对本学科感兴趣的成员作为小组成员，形成学科推介小组。每个成员都要保证有小组接受。

（2）每组用10分钟时间完成本学科的宣传海报，充分讨论、挖掘该学科的重要性、趣味性、特殊性等。利用文字、标语、图片等形式完成海报。目标任务是吸引更多的成员喜欢本学科，愿意加入本学科组。

（3）海报制作完成后，除了组长留下来为其他组成员做推介外，本小组其他成员到自己最不喜欢的学科组倾听学科介绍。如果听完后对此学科产生了兴趣，那么就留下帮助宣传；如果最终没有对该学科产生兴趣，那么在活动结束后站在另外的区域。

（4）教师宣布活动结束后，以各学科组吸收的其他小组成员的人数多少评选优胜组。

注意事项：确保每一个学生都参与，并在推介环节观察那些不主动参与的成员。在各组人数不均衡的时候，老师可以在征得成员同意的情况下进行调整。关注那些对任何一个学科都不感兴趣的成员。

2. 讨论分享

（1）你如何看待自己与学科的情感距离？

（2）在活动中你对其他学科有了哪些了解和新的认识？

（3）影响你对学科兴趣的因素有哪些？

（4）在现实生活中你可以做些什么来增进对不喜欢学科的了解？

3. 教师小结

我们每个人对于学科都有不同的喜好程度，而这些会影响我们对学科的兴趣，进而改变我们的学习动机，最终影响学科成绩。当不了解或没有尝试去了解一些我们不喜欢的学科的时候，我们或许会错失一些机会。不断地尝试和了解或许能改变我们对不喜欢学科的态度。

（三）活动变化

1. 主题活动的变化

在学科推介环节，除了分组制作海报之外，也可以尝试着运用辩论的方式，各组轮流介绍自己喜欢学科的特点、优势和价值。

2. 其他替代性活动——为谁而学

（1）物资准备：A4纸，黑、红、蓝彩笔若干。

（2）场地准备：室内。

（3）活动规则

①画一画，请大家在纸上画出若干个气球，并在每一个气球上写明你自己学习的原因，越多越好。

②分一分，请大家对这些原因进行分类，看看你的学习到底是为了谁。（自己、老师、家长等）

③涂一涂，请把那些你认为是"为了自己"的气球涂成红色，其他的气球涂成蓝色（代表着学习的外部原因）。

④数一数：看看你的气球中有多少个是红色，多少个是蓝色？

（4）讨论分享

你手中气球什么颜色的最多？这代表了什么？分小组讨论学习的原因，比较自己与他人学习原因的异同。这些原因对你的学习有着哪些积极或消极的作用？

简约点评 ◇◇

兴趣是学习最好的老师，主题活动为参与者提供了近距离深入了解各学科的机会，在了解的基础上理性思考，最终促进参与者发展乐学善学的核心素养。

勤于反思

扑克整理

设计背景

古语曰："学而不思则罔，思而不学则殆。"要培养高中生自我发展，学会学习的核心素养，最主要是要发展其自我反思的能力。反思和评价是高中生认识自我、提升自我的方式。在现实教学中，学生勤于反思的习惯并没有完全养成，尤其是对于后进生而言，他们这方面的能力亟待提高。在学习和生活中，一个勤于反思的人会更加主动地学习新知识，也会更积极地运用新知识。在高中生思维发展中，抽象逻辑思维能力逐渐占优势。他们的思维活动中具有一定的自我意识或自我监控能力，表现为不但能考虑如何解决问题，还能对自己的思维进行自我反省、自我调控，确保思维的正确性和高效率。因而在此阶段有针对性地培养学生勤于反思的学习习惯，对于其未来学习能力的提高大有裨益。

活动目标

1. 使学生体验勤于反思、总结经验在任务完成中的重要性。

2. 激发学生勤于反思的意识。

3. 促进学生勤于反思、善于总结经验的能力的形成。

4. 培养学生依据不同的情况和自身实际，调整策略和方法的能力。

5. 家长在参与主题活动的体验中，感受"反思—总结"对于任务完成的重要性，同时也可以观察孩子在活动中体现的行为品质。这有助于家长在后续沟通中更有针对性地引导孩子勤于反思。

设计思路

本节活动课以"百万富翁"为热身活动，通过互动，消除彼此的陌生感，营造轻松、互助的课堂氛围，引出主题活动。在主题体验活动"扑克整理"中通过彼此的分工合作完成任务，并在每一轮的经验总结中提升学生的反思意识，提升其任务解决能力。在讨论分享环节，启发学生将活动感悟迁移到现实的学习生活中，养成勤于反思的学习习惯。

活动准备

1. 物资准备：扑克牌（不要大小王牌，每组一副）。
2. 场地准备：宽敞的室内或室外。

活动过程

（一）活动导入——百万富翁

1. 活动规则

（1）全体学生围成一个圆圈，每人随机发一张扑克牌，记住自己的牌数，不能让别人看到自己牌上的数字。

（2）从第1位同学开始，当发出开始指令后，任意找一名同学，两人同时亮出牌面，并把牌面数字相加，第一时间准确说出两牌之和的人获胜，同时可以收获对方的牌。

（3）没有牌的同学可以在"加油站"领一张牌，继续任意找人进行活动。

（4）手里有若干张牌的同学可以任意选择其中一张继续活动。

（5）活动时间为5分钟，最终清点各自手里的牌数。

2. 教师小结

如何才能又快又准确地说出两牌之和呢？你有什么窍门吗？（手里牌多的同学分享经验）在每一次结束后，你是否会反思和总结经验，以便下一次又快又准地完成任务。接下来我们一起来挑战。

（二）主题活动体验——扑克整理

1. 活动规则

（1）全体学生分为若干组（每组8~10人）。每组派一名成员作为小助手，交换到其他组协助老师监督各组完成任务。

（2）每组领取一副扑克牌（没有大小王）。

（3）小助手负责把扑克牌打乱，越乱越好，计时并检查准确率。

（4）每组在最短的时间内按要求整理好扑克牌并摆放在指定位置，视为任务完成。

（5）扑克牌的整理顺序为：反扣摆放（正面朝下），从上到下的顺序是数字由大到小，花色为黑桃、红桃、梅花、方块。（最下面一张是"方块A"）

（6）活动分三轮，第一轮没有目标时间，第二轮各组提出目标时间，第三轮与第二轮一致。

（7）每一轮结束后给各组3分钟讨论时间。

2. 讨论分享

（1）你们组是如何分工的？这样分工好处在哪里？不足是什么？

（2）活动中你看到了什么，听到了什么？

（3）整个活动中你的感受是怎样的？

（4）每一轮结束后的讨论，你们是如何进行的？这样做有什么好处？

（5）整个活动对你的学习有何启发？

3. 教师小结

在经历完三轮之后，大家对如何又快又准地整理好扑克牌肯定都有了自己的方法。而这些方法是基于一次又一次的经验总结得出的。没有人天生就是某方面的能手，熟练的技能、高超的技术都是在不断实践、反思、总结、再实践中训练而来的。学习也是如此，只有不断地反思、总结，才能更好地寻找到适合自己的高效学习方法。

（三）活动变化

1. 主题活动的变化

扑克牌的摆放顺序也可以由小到大，或者依据老师个人的喜好规定。

2. 其他替代性活动——蜈蚣翻身

（1）活动规则

①各组按照一路纵队排好，每个同学把双手搭在前面同学的肩膀上组成一条"大蜈蚣"。

②各组在听到开始指令后，要求第一个同学依次从第二个、第三个同学中间，第三个、第四个同学中间……一直到队伍最后两个同学中间钻过，第二个、第三个同学如第一个同学一样，完成整条队伍的穿越。

③整个过程中用时最少的组获胜，活动进行三轮，不断挑战前一轮的时间。

④开始前每组练习5分钟，每一轮结束后有3分钟讨论时间。

（2）分享要点

在活动中你看到了什么，听到了什么？你们组能快速完成的窍门是什么？每一个讨论环节你们是如何开展的？这样的讨论对任务完成有何作用？

简约点评 ⬦⬦

主题活动既有各组之间的竞争存在，同时在不同的轮次，也有自己速度和准确度提升的目标。因而紧张激烈的活动氛围既能促使大家积极反思、尝试，又能使大家在活动中获得反思实践后的成就感，进而强化反思的重要性。

一　阳　指

设计背景

俗话说："失败乃成功之母。"这是我们在遭遇失败的时候经常听到的一句话，但事实上这并不完全准确。失败要成为成功之母，首先必须对失败进行正确归因，然后调整对策，重整旗鼓，这样才能走向成功。可见，正确归因非常重要。在现实教学中，善于合理归因的学生总会找到正确的努力方向，也能在反思总结后有所收获。因而，培养学生合理归因的技能，养成审视自己学习状态的意识和习惯，有助于学生学会学习，有利于其自主发展。

活动目标

1. 体验归因在学习生活中的重要性。

2. 认识不合理归因产生的不良影响。

3. 促进学生了解自己的归因特点。

4. 培养学生善于合理归因、不断总结反思的意识和习惯，帮助其学会学习。

5. 让家长体验合理归因对于成功的重要性，了解孩子习惯的归因方式，注重引导合理有效的归因。

设计思路

本节活动课以"穿针引线"为热身活动，通过互动感受归因无处不在，引出主题活动。在主题体验活动"一阳指"中让学生通过彼此的合作，体会过程中的冲突和彼此对结果的归因方式对完成任务造成的影响。让学生在沟通反思中优化方案，最终顺利完成任务。在讨论分享环节，启发学生将活动感悟迁移到现实的学习生活中，学会合理归因。

活动准备

1. 物资准备：针线四套、20 cm长的筷子或竹棒（两人一根）。

2. 场地准备：宽敞的室内或室外。

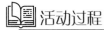活动过程

（一）活动导入——穿针引线

1. 活动规则

（1）请8名成员上台体验，两两一组，分成四组。

（2）一人拿针，一人拿线，在5秒内将线穿过针孔。

（3）开始前，两人都把手垂直放下，开始指令发出后才可开始，时间一到，拿针的成员立刻把手放下。

（4）其他成员监督。

2. 教师小结

（采访各组，刚才你们任务完成或没有完成的原因是什么？接下来你会怎么做？）大家对任务的结果都进行了原因分析，我们把这个过程叫做归因。有些人会觉得是自己没有做好，也有些人会觉得是线太粗或针眼太小，还有人认为是对方的手在不停地抖动，又或者是因为台下成员都看着有点紧张……这些原因可以分为两大类，一类是他人的原因，一类是自己的原因。而这两种归因方式会对我们后面采取的行动产生影响。

（二）主题活动体验—— 一阳指

1. 活动规则

（1）全体成员两两一组（每对亲子一组），按照老师的口令完成指定任务。

（2）每组发一根筷子（或竹棒），在活动中不能有语言的交流，保持安静，可以用眼神或动作来交流。

（3）每组两名成员面对面站立，相互距离一臂宽，双方各用一根食指一起把筷子水平支撑，整个过程食指不能弯曲，不得离开筷子，双方手臂伸直并保持水平。

（4）在保持筷子不掉的情况下，完成以下动作：蹲下、起立、前后移动、跳跃、转身等。

（5）蹲下、起立的简单动作结束后，讨论3分钟，进行接下来的难度动作跳跃、转身等。

2. 讨论分享

（1）你们组在挑战中遇到了哪些困难，或存在什么问题？

（2）活动中你看到了什么？你的感受如何？

（3）整个活动中你的表现如何？

（4）你认为影响任务完成的因素有哪些？接下来该如何调整？

3. 教师小结

在任何一项任务结束之后，我们都需要对原因进行分析和总结。这有助于我们下一次更好地完成。每个人的归因方式都不一样，有些人习惯向内归因，把所有责任都归到自己身上；而有些人偏向外归因，把问题都推给别人，这些都是不合理的。那么现在我们一起来看看如何科学合理地归因，才有利于经验的总结和接下来任务的完成。

4. 知识讲解

心理学家维纳认为我们一般把原因归结为以下几个方面：能力、努力、任务难度、运气等。同学们看看自己所列出的五个重要原因是不是这几个？如果还有其他的，把它归在"其他"项里。如表9-1所示。并且，他把人们归纳的这些原因进行了分类：从来自内部和外部将它分为内因和外因，从它能不能为我们个人意愿所控制将它分为可控和不可控。

表9-1　成败归因向度

归因类别	成败归因向度			
	因素来源		可控性	
	内部	外部	可控	不可控
能力	√			√
努力	√		√	
任务难度		√		√
运气		√		√
其他				

（1）师生共同完成原因的分类。

（2）请说说自己成功或失败最重要的原因，并谈谈自己今后的做法。

（3）提醒成员注意"努力"是唯一可控的因素。

（三）活动变化

1. 主题活动的变化

可以将学生分为8人一组，增加竹竿的长度，以增加挑战的难度。

2. 其他替代性活动——啄木鸟行动

（1）物资准备：弯头吸管一包，橡皮筋若干，计时器。

（2）场地准备：空旷场地。

（3）活动规则

①熟悉规则。每组成员分成两部分，分别在场地两侧线外排好队。每个成员嘴叼一根弯头吸管，要求组员利用吸管把橡皮筋传递给对面的组员，对面的组员用吸管接住橡皮筋，继续传递给对面下一个组员，直到最后一个组员把橡皮筋带到对面的纸杯中，完成任务。过程中老师计时并记录。

②练习阶段。每组有3分钟练习时间。

③执行比赛。老师记录小组完成时间，告知各小组完成时间并排好名次，作分享。

④讨论分享。活动过程中遇到什么问题？你们打算怎么解决？（小组汇报）

⑤再次比赛。先让组员预测本次完成时间，再比赛；老师记录小组完成时间，告知各小组完成时间并排好名次。

（4）分享要点。是否满意自己的表现？为什么？第二次比赛还有遇到什么问题吗？假如有第三次比赛，你打算怎么做？第二次比赛比第一次比赛用的时间更短的原因是什么？在生活和学习中，我们什么时候需要反思？

简约点评 ◇◇

主题活动的完成需要彼此的配合。亲子在完成指定动作时，会出现在归因中彼此指责的行为，这也暴露了亲子沟通的不顺畅。因此，后续的讨论会令他们更清晰地认识到合理归因对于任务完成的重要性，启发他们思考勤于反思的核心意义。

信息意识

拒绝网络暴力

设计背景

互联网的发展为人们带来方便的同时，也存在着风险隐患，其中最明显的就是网络暴力。它是暴力形式的一种，是社会暴力在网络上的延伸。如在网上发布具有伤害性、侮辱性和煽动性的言论、图片、视频的行为。网络暴力能对当事人造成名誉损害，甚至打破道德底线，往往也伴随着侵权行为和违法犯罪行为。中国互联网发展状况统计调查显示，75.1%的网民年龄在10～39岁，其中10～19岁群体占比21.4%。高中生作为主要的上网人群，正处于价值观、世界观形成的关键时期，他们既有自由表达的权利，也有担当起维护网络文明与道德的责任和使命。这就需要运用教育、道德、法律等手段进行规范，提高他们的网络伦理道德与信息安全意识。

活动目标

1. 认识到"互联网+"时代保护个人信息的重要性。

2. 体验信息在网络传播中的快速性、不可控制性。

3. 培养学生理性鉴别信息真伪、客观全面评估信息的能力。

4. 树立良好的网络伦理道德，提高信息安全意识，主动承担维护网络文明与道德的责任。

5. 让家长感受到网络安全意识的重要性，获得相应的健康上网知识，深入了解孩子对于网络世界的态度及上网习惯。增强亲子互动交流，促进共同成长。

设计思路

高中生的逻辑思维、辩证思维已逐渐发展成熟，因此通过体验式的"病毒传播"活动，可以很直观地感受信息传播的快速性与不可控制性。同时利用视频资源，引起学生共鸣，引导学生讨论网络暴力的危害以及如何规范自身言行。

活动准备

1. 物资准备：视频《"感谢"分享》、大白纸、彩笔。
2. 场地准备：多媒体教室。

活动过程

（一）活动导入——病毒传播

1. 活动规则

（1）全班同学围成一个圆圈。

（2）教师随机找一名同学，假设他现在是"病毒源"。

（3）背景假设：现在这个"病毒源"不慎侵入大家围成的圆圈内，"病毒"将随机"传播"，"病毒源"同学举起手在圆圈内奔跑，用手触碰任意一名同学的肩膀，则表明该同学被"感染"，该同学同时举手成为"病毒"，在圆圈内继续奔跑传播。直到全班被"感染"为止。注意每次每人只传播一人。

（4）分两轮，第一轮不计时，第二轮对大家提出要求——在最短的时间内完成全班被"感染"。

（二）活动体验

指导语：病毒的传播可以如此迅速，并在传播过程中给大家带来混乱无序的生活。一个病毒的传播是呈几何级数增长的形态的，速度比我们想象中还要惊人。那么身处网络时代的我们，更能深刻地体会到网络信息的传播速度。现在的沟通，距离已经不是问题，各类论坛、直播平台、社交软件都充斥着我们的生活。我们彼此会运用网络分享奇闻趣事、心情美食，而我们在享受着网络便利的同时，似乎也在有意无意中充当着"病毒传播者"的角色。不信我们一起来看一个视频，看看你是否也曾无意中做过类似的事情。

1. 活动规则

播放反网络暴力视频《"感谢"分享》

2. 讨论分享一（结合视频）

（1）视频中给你印象最深的是哪一幕？

（2）假如你是故事中接收视频的某一人，你会如何选择？为什么？

3. 讨论分享二（结合现实）

分小组进行讨论，并把结果写在海报上，结束后派代表分享。

（1）在平时的上网中，如何保护个人信息？

（2）你所认为的网络暴力有哪些？

（3）如果有人在网络上对你进行人身攻击，你会如何去做？

（4）拒绝网络暴力的方法有哪些？

4. 教师小结

有时候玩笑与伤害只有一线之隔。一个人眼中的玩笑也可能成为扎在另一个人身上的刺，旁观者觉得无伤大雅，只不过是事情没有发生在自己身上罢了。当你无意中知道一个熟人的秘密，想必是很难压抑住想要分享的欲望吧？就像所有的秘密一样，越不能说，越有神奇的力量，每时每刻调动着人想要散布的欲望。"我就告诉几个人，让他们不要传出去就好了。"这样想着，本就微弱的负罪感就会立马招降于由"爆料"带来的满足感。然而，守住秘密的最好方式，不是监督着下一个得到消息的人守口如瓶，而是让秘密在你手里就被断绝去路。

5. 参考信息

（1）保护个人信息的方式

①电脑定期杀毒，通过安全网站下载软件和应用。

②网站注册少填隐私，尽量提供最少信息，密码组合要多样化。

③公共场所少"蹭网"，警惕无密码无身份验证的无线网络，尽量不要使用陌生的无线网络网购。

④网上交友要格外留意，不随便透露个人信息。

（2）网络暴力的形式

①对未证实或已证实的网络事件，在网上发表具有攻击性、煽动性和侮辱性的言论，造成当事人名誉损害。

②在网上公开当事人的现实生活隐私，侵犯其隐私权，如"人肉搜索"。

③对当事人及其亲属的正常生活进行行动或言论侵扰，致使其人身权利受损。

（3）拒绝网络暴力方法

①发言，要客观。

②交流，不开骂。

③争执，不能人身攻击。

（三）活动变化

1. 主题活动的变化

除了用视频引出讨论，还可以用真实的案例，例如"8·27儿童网络暴力事件"，让学生讨论关于网络暴力的相关话题。

2. 其他替代性活动——流言蜚语

过程：活动优胜以速度和准确度两个指标来衡量。

（1）全班分成6~8个小组，每组站成一路纵队。

（2）按顺序进行一对一的单向传话活动。

（3）先由教师将写好内容的纸条给每组第一个成员看，看完之后第一个成员迅速将内容传话给第二个，以此类推，直到传给本组最后一个成员。

（4）最后一个成员负责将听到的内容写到黑板上。

提问要点：语言在传递的过程中发生了什么变化？为什么会发生如此巨大的变化？你的生活中有没有类似的例子？这个活动给你什么启发？

分享要点：信息在传递中的删减、扭曲、误解。网络世界中同样存在不明真相的传播谣言，如何让信息在传递时更准确，避免不必要的误会和伤害？

简约点评 ◇◇

主题活动中的讨论不局限于视频本身，而是拓展到了现实生活中，启发参与者思考自己平时使用网络时是否注意了网络信息安全，是否在无形中参与了网络暴力。家长与孩子对于这些问题的观点会因为年龄和阅历的不同而存在差异，但沟通中的不断理解和磨合，为亲子关系奠定了和谐的基础。

◇◇

我的信息卡

设计背景

在充满着各种信息的新环境中，高一的学生们需要学会自觉、有效地获取各种信息，快速地认识彼此、建立起属于自己的人际交往圈，以帮助他们消除陌生感，尽快适应新环境。在与人初次见面时，如何能快速而准确地向他人介绍自己，帮助他人了解自己、接受自己、信任自己，对自己产生兴趣，这是现代社会每一个人都应具备的一种能力。本节活动课旨在加强学生的信息意识，提升其获取、评估、鉴别和使用各种信息的能力，促进新班级同学之间的熟悉、融合，培养学生自我推销的意识和能力，促进学生快速适应新环境。

活动目标

1. 认识到主动积极、科学有效地向他人介绍自我信息的重要性。

2. 体验信息整合、评估、鉴别的必要性。

3. 鼓励学生自觉、有效地在人际交往中获取所需信息，促进彼此了解。

4. 帮助学生体验和感悟在新环境中获取、整合、交流新信息的重要性，促进学生信息意识的形成。

5. 让家长获得更多关于孩子同学的信息，促进其对孩子人际交往圈的了解。同时也在互动中，通过自我信息的积极介绍，发挥榜样的力量。

设计思路

活动课以"猜拳"小游戏导入，消除学生间的陌生感，达到热身效果，接着通过"个性名片"的制作，促进学生学会自我表达信息。再利用"寻人行动"让学生体验信息的整合和鉴别。并利用讨论和分享使学生将活动体验迁移到现实生活中，以促进信息意识的形成。

活动准备

1. 物资准备：白纸、彩笔。

2. 场地准备：空旷的室内。

📖 活动过程

（一）活动导入——猜拳

每个人在开始后任意找一个人猜拳，如果出拳不一致（出不同的手势），就重新找一个人猜拳。如果出拳一致（出相同的手势），两个人就一起找另外两个人猜拳。2变4，4变8，直到全部人都出拳一致。我们预计一下时间，多长时间能达成全体一致。

（二）主题活动体验

1. 活动规则

（1）制作"个性名片"

每个人准备一张白纸、若干彩笔，在10分钟之内设计出属于自己的"个性名片"。

注意事项：

①不少于5条个人信息。（不要写名字）

②除文字外，还可以加上一些图像、自画像等信息。

③可以使用多种彩笔。

④名片要体现自己的独特性，能区别于他人，体现你的独一无二。

（2）"寻人行动"

制作完"个性名片"后，全班围成一个圆圈，每个人把名片正面朝上放在自己面前的地面上，音乐起（动感），开始顺时针走动，速度加快，音乐停，每个人拿起自己面前的名片，注意不拿自己的那张，然后开始寻找名片主人。

注意事项：

①每个人只抽取一张名片，看看你与谁更有缘。

②根据你抽到的名片信息，迅速找到名片的主人索要签名、握手。

③和名片主人进行深入交流，了解更深层次的信息，并结为朋友。

④交流后留下名片作为纪念。

⑤时间结束时，还没有找到名片主人的人可以向全体成员求助，大家一起帮忙寻找。

2. 讨论分享

（1）你抽到了谁的名片，了解了哪些信息？

（2）活动中让你印象最深的是什么？

（3）你是如何找到名片主人的？（根据哪些信息、动用了哪些资源？强调信息的鉴别和整合评估）

（4）你认为在陌生环境中初次见面时，该如何科学、有效地向别人介绍自己？（主动与人交往的技巧、如何有效地表达信息让他人更迅速地了解你）

3. 教师小结

来到新的班级，因为彼此不熟悉，所以我们会心生防备，疏于交流，但此时如果有人主动给予一个笑容、问候，都可以化解我们心中的戒备。我们就应该是那个主动给予笑容和问候的人。"个性名片"展示了我们的独特性，科学、有效地描绘了一些我们的信息，给他人留下了深刻的第一印象。"寻人行动"更是充满了缘分和偶然，但在寻找过程中，也考验着我们对信息的鉴别以及对身边信息资源的整合利用能力。在签名和交谈的过程中，我们彼此更加了解，为以后更深入的交流打下坚实的基础。

（三）活动变化

1. 主题活动的变化

在主题活动"寻人行动"的"抽取名片"环节也可以提前设置一个容器，把所有名片放进去，让学生随机抽取一张。

2. 其他替代性活动——滚雪球

提前将全体学生分成6～8个小组，每个小组围成一个圆圈，任意一个学生开始先说自己的姓名、毕业学校和爱好。第二个学生接着介绍，但要按照固定语句模式"我是'毕业于××学校的爱好是×××的×××'后面的毕业于××学校的爱好是×××的×××"，注意单引号内的内容是前一个学生的信息。以此类推，第三个学生要先重复第一个、第二个学生的信息后再介绍自己的信息。直到最后一个完成。

注意事项：在小组内进行之后，也可以逐一扩大范围，最后把若干组合并到一起。

简约点评 ◇◇◇◇◇◇◇◇◇◇◇◇◇◇◇◇◇◇◇◇◇◇◇◇◇◇◇◇◇◇◇◇◇◇◇

"个性名片"的制作，不仅让家长们展示了自己独特的信息，也让亲子双方深入、全面地了解彼此，有助于亲子关系更加和谐。

第十章 健康生活养成

珍爱生命

爱 心 之 旅

📖 设计背景

中学阶段是生命成长旺盛的阶段，是生命观、价值观形成的关键时期。这个阶段开展生命教育，让学生体会生命的可贵，尊重和珍惜他人的生命，体会到每一个生命都值得被尊重和理解。在生活中常会遇到身体残疾或需要帮助的他人，而此时我们是否能切身体会他们的感受并力所能及地给到他们需要的帮助，这很重要。我们是否能理解这些生命的意义并尊重他们的价值？对于高中生而言，如何去理解生命的意义，养成健康文明的行为习惯和生活方式，学会去珍爱生命、理解他人，这是其核心素养的一部分。

📖 活动目标

1. 体验不同程度残障人士生活的不易，感受互相帮助和关爱。

2. 换位思考他人的生活，感悟身体健全的宝贵。

3. 通过互帮互助行为更深刻地理解自己生命存在的价值。

4. 帮助学生更好地理解生命的意义；学会珍爱生命、理解他人，促进积极心理品质的形成，从而促进健全人格的形成。

5. 家长和孩子共同完成"爱心之旅"体验活动，给彼此亲密接触的机会，同时互相体会对方的感受，理解生命的价值，珍惜拥有的生活。

📖 设计思路

本节活动课首先通过"拥有生命"的热身活动，营造积极参与的氛围，引出主题。接着通过"爱心之旅"的主题活动，让参与者扮演身体不同部位残疾的人，彼此合作走完一段充满障碍的旅程。在此过程中参与者用心体会所扮演角色的内心感受，理解身体健全、健康的重要性，感悟生命的意义所在。

📖 活动准备

1. 物资准备：写有扮演角色的纸条，眼罩、绑带若干。
2. 场地准备：宽敞的室外。

📖 活动过程

（一）活动导入——拥有生命

全体学生围成一个圆圈，面向圆心站好，然后把左手张开伸向左侧同学，把右手食指垂直放到右侧同学的掌心。老师念一段提前准备的含有"生命"词语的话（自行编写）。确定以"生命"为特定的词，每次听到这个词的时候左手应设法抓住左侧同学的食指，右手应设法逃走（抓住了再挣脱的也算被抓住），以抓住次数多者为胜。

（二）主题活动体验——爱心之旅

1. 活动规则

（1）全班学生分成5～8人的小组若干，每组有一个信封，里面有5～8张写有扮演角色的纸条。

（2）每个人抽取一张纸条，纸条上的内容包括：双眼失明、左手残疾、右手残疾、左脚残疾、右脚残疾、双手残疾、全身瘫痪、健全人等各种角色。（具体内容依据参与人数和情况而定）

（3）每个人扮演所抽到的角色，用眼罩或绑带标记，并在活动中不可以使用"残疾"的身体部位。

（4）发出开始指令后，全部人不能有言语的交流，需要各组共同协助完成一段充满障碍的旅程。

（5）老师提前设置好路线和布置障碍，可以包括上下楼梯、跨越障碍等。

（6）从出发开始计时，所有人最先到达终点的小组获胜。

注意事项：角色的设定依据参与人数而定，路线规划要适宜，太近或太远都不利于体验。在活动中老师跟随观察各组的表现以及时处理出现的意外状况，保证安全第一。

2. 讨论分享

（1）在活动中你扮演的角色是什么？你的感受如何？

（2）在活动中你们是如何互相协助走完爱心旅程的？

（3）生活中你如何看待这些残疾人？

（4）在活动中你对残疾人有了什么新的认识和理解？

3. 教师小结

当我们身体健全时，难以想象或感受身体残疾带来的不便和影响。我们虽然在生活中也会表示对残疾人的关心和照顾，但那真的是他们想要的吗？当真切体会了缺少某些身体部位或丧失某些身体功能的生活时，我们才能意识到健全健康的身体对我们生命的重要意义。

（三）活动变化

1. 主题活动的变化

为了增强体验的真实性，也可以在爱心旅途中增加吃饭的环节，这样可以让体验者更真切地体会到身体缺陷对生活带来的不便，也更能理解残疾人内心的真实想法。

2. 其他替代性活动——鸡宝宝成长记

（1）活动规则

鸡宝宝的成长之路上有不同的难关，其中有5个难关需要鸡爸爸、鸡妈妈的帮助。（准备5排高低不同的纸箱障碍物来代表难关，越往后越难，障碍物也越来越高）

第一关：保证鸡宝宝的健康。

第二关：培养鸡宝宝良好的情绪。

第三关：督促鸡宝宝学习生活本领。

第四关：督促鸡宝宝学习知识。

第五关：培养鸡宝宝良好的性格。

每组推荐鸡爸爸和鸡妈妈人选。

鸡宝宝（以乒乓球代替）放在纸碟内，鸡爸爸、鸡妈妈一起拿托盘跨越障碍物，鸡宝宝没有掉落地为完成任务。

（2）注意事项

①鸡爸爸、鸡妈妈全程不能用身体部位碰到鸡宝宝。

②纸箱的高度要有层次和一定的难度，保证有一小部分学生能完成任务。

③由于有些纸箱比较高，需要安排一些学生在纸箱旁做好保护工作。

（3）讨论分享

①有多少鸡爸爸、鸡妈妈完成了护送鸡宝宝安全成长任务？

②鸡宝宝成长路上的困难我们是否也遇到过？

③我们的爸爸妈妈有没有遇到同样的困惑与考验？当父母知道孩子所面临的危险时，会选择让"鸡宝宝"滚动还是保证安全而将其抓在手上？

简约点评 ◇◇◇

家长和孩子们通过"爱心之旅"的真实体验真切地感受到了身体残疾给生活带来的不便，反观自己便会更加珍惜已拥有的一切。亲情也是如此，在互相扶持和共同克服困难中，亲子关系会变得更加亲密。

生 命 旅 程

设计背景

高中生处于情感多变、情绪波动大、易产生逆反心理的青春期，他们对生命意义的理解模糊不清，容易因为一件看似不起眼的事而自暴自弃，甚至放弃生命。因此，引导学生热爱生命、珍惜当下具有重要的意义。核心素养中提到，"培养学生理解生命意义和人生价值"。本节活动课通过模拟经历放弃自己最重要的事和生命，让学生深刻体会当下的事和生命才是最重要的。每一个阶段都是生命必经的旅程，而不要等到"失去才觉得重要和美好"。从失去的痛苦中，体会存在的价值，认识到生命旅程中每一阶段都是不能删减的真谛，从而深化珍爱生命的情感。

活动目标

1. 通过体验引导学生认识生命的宝贵和美好。

2. 运用情景活动，让学生感知生命的有限和失去的痛苦，意识到保护生命的重要性。

3. 通过签订生命契约，唤起学生对生命的敬畏，达成珍惜生命的承诺。

4. 培养学生理解生命意义和人生价值的能力。

5. 家长在参与主题活动时，重新梳理对自己重要的人和事，了解孩子的生命观，感悟生命的不可逆性，提升对生命的敬畏之情。

设计思路

本节活动课以《生命列车》朗诵视频为背景，两两一组完成任务，营造开放轻松的课堂氛围，调动参与者的兴趣和积极性。主题活动"生命旅程"中通过"设想人生愿望""经历人生愿望"和"删减人生愿望"三个环节逐层渲染气氛，让学生深度感悟生命的宝贵和失去的痛苦。在讨论分享环节，通过学生的感悟和教师的引导，提升他们对生命的敬畏之情。

活动准备

1. 物资准备：《生命列车》朗诵视频，每人两张纸（一张空白纸、一张"生命愿望"卡）。

2. 场地准备：室内。

活动过程

（一）活动导入——生命列车

两人一组，面对面站立，双手在身体前方伸直，相互间隔呈切割状。一人代号为"生命"，另一人为"生活"，听到"生命"这个词时，相应的人要迅速双手合并拍打另一人的手，另一人要快速躲避。听到"生活"这个词时，相应的成员也要做同样的反应。

朗诵内容：降生人世，就好像坐上了生命列车，我们以为父母会在生活中一直陪伴着我们，跟我们过每一个生日。很遗憾，他们会在我们生命中的某个站下车，留下我们继续生活。我们生命中有轻松的旅行，也有深深的悲哀，但生活就是这样，当其他旅客陆续下车，我们的生命列车还在前进，我们的生活还在继续。生命之谜是什么呢？献给你，我生命列车上的亲朋们、陌生面孔们，祝你们生活愉快！

（二）主题活动体验——生命旅程

指导语：你的出生，表示你开始了自己的生命旅程。我们经历了婴儿期、童年期，现在正处于少年期，未来还会经历青年期、中年期和老年期。每一个人生阶段，我们都会有想要实现的愿望，那么，现在就让我们一起来回想自己的过去并规划未来的人生愿望吧。

1. 活动规则

（1）设想人生愿望

每个人拿出一张纸，在上面画出人生的五枚金币（分别代表自己的童年、少年、青年、中年和老年），每一枚金币都会在它的使用期限里让你实现梦想。如果一枚金币只能实现一个愿望，请大家慎重思考。在这枚金币使用的期限里，在每一枚金币的下面，填上你认为最想实现的一个愿望。

（2）经历人生愿望

①第一枚金币的使用期限已经过了，请大家把"童年"这枚金币用线划掉。（课件演示）你有没有实现你的愿望？如果有，请给童年的愿望打"√"；如果没有，请打"×"。

②你们现在正在使用的是"少年"这一枚金币呢，这枚金币你还剩多少使用期限？你实现愿望了吗？

教师总结：没有实现愿望的，请不要难过，因为生命列车不会停歇，也不会倒退，所以我们永远不要为已经过去的事情悲伤、懊悔。我们还有更重要的事，就是如何使用好还没到期限的金币。

（3）删减人生愿望

接下来你将开始使用剩下的4枚金币。不过，人的一生并不会一帆风顺，会受到自然灾害、疾病、意外事件等外界不可抗力的影响。

老年：由于人类对自然过度的开发和污染，地球环境急剧恶化，人类的寿命在缩短，你只能拥有3枚金币的使用权利了。请你删去"老年"这一枚金币，同时也删去这枚金币所对应的愿望。

中年：疾病在蔓延，你不幸"感染"，在痛苦中你离"中年"这一枚金币远去了。请你删去"中年"这一枚金币，同时也删去这枚金币所对应的愿望。

青年：因为灾难不期而至，你不得再使用"青年"这一枚金币了。请你删去"青年"这一枚金币，同时也删去这枚金币所对应的愿望。

少年：由于在金币的使用方法上与父母或他人发生了分歧，你选择了对抗和放弃。最后，请你删去"少年"这一枚金币，同时也删去这枚金币所对应的愿望。

2. 讨论分享

（1）你愿意就这样让你的人生"金币"一枚一枚离你而去吗？

（2）你有什么感受？

（3）在刚才的活动中你对生命有了什么新的看法？能说一句与"生命"有关的话吗？

3. 教师小结

生命是一列不可快进、不可倒退、不可返程的列车，一旦踏上旅程就注定要勇往直前，纵使你多么不愿意，也不可能越过少年直接从童年飞跃到青年，你必须经历少年阶段该承受的各种磨炼。即使你多么不愿意老年的到来，你也无力阻止生命列车驶向终点。因此，我们能做的，只有活在当下，珍惜并感恩现在的每一次磨难，不为失去的昨天悲伤，也不为未知的明天迷茫，此刻才是关键。

（三）活动变化

1. 主题活动的变化

可以在纸上画出生命时间轴，表示生命的不同阶段，并用撕纸的方式来表示这一阶段的结束。

2. 其他替代性活动

选择人生珍宝

（1）活动规则

引导语：人生有很多自己珍视的东西，今天我们一起来探寻一下。

①制作八宝箱：A4纸对折三次，打开后便有八个格子，作为我们的人生八宝箱。

②让学生把人生中最重要的八样东西，装入八宝箱。（写在八个方格里）

③教师引导：在人生的长河里，我们带着人生八宝箱乘着小船出发了，一路上风波不断。

第一次，我们的船超重了，需要打开八宝箱，选择其中一样东西丢进河里。

第二次，狂风暴雨袭击，需要扔掉另外一样宝贝以渡过难关。

第三次，前方出现暗礁，需要再次作出选择。

第四次，漩涡接踵而来，我们不得不再次作出选择。

经过四次选择，终于暂时风平浪静，可以缓下来休息一会，看看手中的八宝箱中还剩下哪几样宝贝，转眼间，乌云密布，暴风雨又来了，这时候又要丢掉手中的一样宝贝。

最后，曙光终于出现了，经历了五次选择之后，我们可以到岸上好好休息了。

（2）注意事项

①如果发现学生在选择时犹豫了，老师可适当鼓励和及时点拨。

②选择时要留够时间给学生充分思考。

③如果有音乐渲染效果更好。

（3）讨论分享

①你认为人生中最重要的八样东西是什么？

②你依次丢掉的宝贝分别是什么？

③丢掉这些宝贝对你的人生带来什么影响？

④最后你留下了哪三样宝贝？留下它们的理由是什么？

⑤在以后的生活中，你会用哪些实际行动去维护和珍视这些宝贝？

简约点评

生命旅程的情境创设，让参与者有了一种身临其境的感觉，通过氛围的渲染，引导参与者对自己不同人生阶段的梦想进行思考，并深刻感受生命的流逝，领悟珍惜此刻的重要意义。

健全人格

小鸡变凤凰

📖 设计背景

　　刚步入高中，班级中会存在这样一个群体——他们在初中时曾经是较为优秀的学生，习惯了老师和同学的夸赞和羡慕，本以为高中也会如此，但却发现人外有人、山外有山，他们在自我认知上存在偏差，不能准确定位自己。因此，他们经常沉浸在过去的辉煌中，哀叹着过去的美好，不愿面对现实的挑战和改变。他们有着极大的挫败感，不能积极地适应高中的新生活。久而久之，心理上就会出现一些问题。在班级中还会有另外一个群体——他们在初中时并不出众，默默无闻，甚至是因为"一时好运"才考到了这所学校。他们对自己并不自信，经常觉得自己这也做不好，那也做不好。他们不愿接受新的挑战，同样也不能积极面对高中生活的变化。因此帮助这两类学生调整自我认知，重新给自己定位，积极适应高中生活是十分必要的。核心素养中提到，"培养学生具有积极的心理品质，坚韧乐观，具有抗挫折能力"。本节活动课通过活动体验让学生感悟在求学生涯中如何接纳自己并应对挫折。

📖 活动目标

　　1. 引导学生感受变化、挫折的无处不在。

　　2. 启发学生思考变化给生活带来的挑战和机遇。

　　3. 激发学生调整自我，积极应对挫折。

　　4. 培养学生坚韧乐观的积极品质和抗挫折能力。

　　5. 让家长感受变化的无处不在，也能更好地换位思考，理解孩子初入高中的心理变化。增强亲子间的相互理解，帮助家长更好培养孩子的健全人格。

📖 设计思路

　　本节活动课以"雨点变奏曲"为热身活动，使学生感受到变化和挑战的无处不在。同时也活跃课堂气氛，促进学生的参与。在主题活动"小鸡变凤凰"中，通过挑战决定进化或退化，从直观上让学生们体会挫败感和成就感。在讨论分享环节，引导学生进行小组头脑风暴，找到应对挫折和调节自我心态的方法。

活动准备

1. 物资准备：标记区域的纸。
2. 场地准备：宽敞的室内和室外。

活动过程

（一）活动导入——"雨点变奏曲"

1. 活动规则

（1）所有成员在听到指令后完成相应的动作，具体指令和相应动作如下：微风——双手互搓，小雨——打响指，大雨——双手鼓掌，狂风暴雨—— 一边踩脚一边鼓掌。

（2）老师随机发出指令，看大家的反应速度，最后用"狂风暴雨"结束。

2. 教师引导

四季有春夏秋冬，天气有阴晴雨雪。每一天我们的生活都在经历着变化，就如同刚才的活动中，前一秒可能是微风习习，但下一秒或许狂风暴雨就来临了。我们面对这些变化要如何应对呢？你的求学生涯、日常生活也正面临着一些变化，你该如何应对呢？

（二）主题活动体验——小鸡变凤凰

1. 活动规则

（1）提前把教室分为四个区域："鸟蛋区""雏鸟区""成年鸟区""凤凰区"，它们的级别依次上升。在不同的区域大家的站姿不同，"鸟蛋区"——蹲着、"雏鸟区"——半蹲、"成年鸟区"——直立、"凤凰区"——双臂张开呈展翅状态。

（2）刚开始，全体学生都在"鸟蛋区"蹲着，随机找人，两人一组，利用猜拳的方式定输赢，赢的人就可以进化到下一个区域"雏鸟区"，输的人继续待在"鸟蛋区"并在本区域找同级别的"鸟蛋"猜拳，直至升到下一级。

（3）升级的人到了"雏鸟区"继续找同级别的"雏鸟"猜拳，规则同上，赢的人继续升级到"成年鸟区"，输的人需要降级到"鸟蛋区"，重新开始。

（4）"成年鸟区"规则同上，赢的人继续升级，输的人需要降级。

（5）"凤凰区"规则同上，赢的人最终蜕变为凤凰，成为赢家，在旁观战，输的人下降一级。

注意事项：

（1）在猜拳过程中，老师监督要公平、公正，确保大家严格遵守游戏规则。

（2）各个区域之间适当拉开距离。

（3）如遇到单数，老师可以参与，也可以让剩下的学生作为助手。

2. 讨论分享

（1）在活动中你看到了什么？听到了什么？

（2）当你升级时，你的感受如何？

（3）当你降级时，你的感受又如何？你决定怎么做？

（4）这个活动让你想到了什么？

（5）如果把这个"小鸡变凤凰"的过程比喻为你目前高中生活的变化，你觉得该如何面对？

3. 教师小结

"物竞天择，适者生存"是大自然的生存法则。人类的生存和发展又何尝不是如此呢？当你一味等待、害怕改变、不敢挑战的时候，最终你的结果就永远只能是一个"鸟蛋"。从"鸟蛋"变"凤凰"的旅程，就如同我们从无知、弱小变强大、成熟的过程。我们希望一切顺风顺水，快速晋级，但现实总是很残酷，竞争必然会带来淘汰。我们的成长也会面临一次次的挑战和困难，而这些挑战也会带给我们成长蜕变的机遇。生活中的变化无处不在，我们给自己的定位也不是一成不变的。在不同的时期找准自己的位置，全力以赴迎接每一次挑战，相信这就是蜕变的机遇。

（三）活动变化

1. 主题活动的变化

这是一个富有寓意的活动，我们不仅可以用"鸟蛋""凤凰"来隐喻，同时也可以用"大猩猩""类人猿""人类"来直接命名。

2. 其他替代性活动——突出重围

（1）活动规则

①全班分成10～15人小组若干个，除一人站在圆圈内，其他所有人手拉手围成一个圆圈——包围圈。

②假如现在你被"敌人"包围了，情况十分的危急，你需要想尽一切办法冲出包围圈。圈内的人可以用任何不伤害同学的方式，而包围圈的人需要手拉手，竭尽全力不让圈内的人逃出。若圈内的人在某两个相邻同学之间逃出，则这两名同学都要进入包围圈。

（2）注意事项：第一轮随机选一人进入包围圈，如果时间很久都没有出来，那么可增加1～2名学生进入包围圈。活动在空旷草地上进行为宜，注意不要过于暴力。

（3）分享要点：处在包围圈中你的感受如何？当你试过很多次都无法突围的时候，你的想法和感受是什么？这个活动给你什么启发？

简约点评

通过情景设置，让参与者体验生物成长的历程，感受成长历程中随时可能存在的风险。用隐喻的方式很好地表达了人生无处不在的挫折以及在应对挫折时应有的态度和行为。

隐 藏 的 心

📖 设计背景

　　高中生处在青春期，情绪发展呈现出明显的两极化和矛盾性，在情绪的表达上外显性和内隐性并存。他们对外界刺激反应迅速敏感，但同时他们的情感表露也越来越带有文饰、内隐和曲折的特点。尤其是对于一些悲伤、愤怒等负性情绪的隐藏，不喜与人交流这些情感，可能会对身体和心理造成一定的伤害。核心素养中提到："培养学生具有积极的心理品质，能调节和管理自己的情绪。"教育是为了培养具有健全人格的人，一个能自我管理情绪，并具有抗挫折能力的人。本节课的设计为学生提供了尝试交流自己隐藏起来的痛苦和愤怒等负性情绪的机会，让学生在活动中表达并能有机会处理这些负性情绪，从而使他们再次体会生活的幸福和快乐。

📖 活动目标

　　1. 了解到内心隐藏的负性情绪如何影响他们的生活。

　　2. 鼓励学生勇于表达内心的负性情绪。

　　3. 引导学生学会如何应对生活中的负性情绪。

　　4. 让学生学会正视自己的负性情绪，学会处理负性情绪的方法，提高情绪管理能力，建立健全人格。

　　5. 家长在参与活动中，也会慢慢尝试表达自己的隐藏情绪。让孩子更立体地了解真实的父母，在情绪分享中，彼此共情。启发家长正视所有情绪及允许孩子表达负性情绪，从而促进亲子关系的亲密发展。

📖 设计思路

　　本节活动课以"情绪猜猜猜"为热身活动，用表演的方式呈现情境，伴随情绪表达，并设置环节猜一猜此情境引发的是何种情绪，从而训练学生正确识别、表达情绪，正视多样性情绪的存在。"隐藏的心"主题活动，为学生创设了表达隐藏负性情绪的机会，并通过集思广益找出应对负性情绪的方法。借此提升学生正视负性情绪、积极管理情绪的能力，培养学生的健全人格。

活动准备

1. 物资准备：纸条、笔、细丝带、彩色记号笔、气球（每人一个小气球、一个大气球）。

2. 场地准备：空旷的室内。

活动过程

（一）活动导入——情绪猜猜猜

日常生活中，我们总会因为一些事情的发生而感受到不一样的情绪。请学生在设计好的情境中选择几种进行表演，不可以讲话，只能用表情、动作来表达在该情境中的心情与感受，请其他人猜。

情境设计：

（1）在生日的时候收到梦寐以求的礼物。

（2）身边的亲人离世。

（3）和好朋友发生矛盾，感觉自己被误会了。

（4）站在100米跑的起点准备起跑。

（5）突发地震了，楼房在震动，桌椅在摇晃。

（6）回到宿舍，发现自己的床被同学弄乱，东西被使用过。

（7）走在路上，一个人碰了一下自己。

（8）半夜的时候，被舍友的呼噜声吵醒，之后难以入睡。

其他人根据表演，归纳出在上述8种情境下人的心情、感受。

参考：开心、难过、委屈、紧张、恐慌、愤怒（或恼怒）、坦然、无奈等。

（二）主题活动体验——隐藏的心

1. 活动规则（一）

（1）每人领取一个小气球、一条细丝带、一张纸条（大小能放进气球）和一支笔。

（2）这个小气球代表你的心，所有的痛苦、悲伤、愤怒等负性情绪都装在这颗"心"里。

（3）在纸条上写下自己的负性情绪，然后把纸条放入气球里，不要吹起来，用丝带系紧，纸条不要给任何人看。

（4）每人再发一个大气球，让每个人把自己的"心"放在大气球里。

（5）每个人把大气球吹起来，足够大又不破，然后系紧。

（6）每个人在大气球外面写上为了隐藏内心的情感，自己在别人面前会如何表现。例如：会开玩笑、会假装不在意、会假装很自信等。

2. 讨论分享（一）

（1）全都写好后，分小组讨论气球外面写的内容，彼此至少选择一条讨论，如："隐藏内心的情感是否一件好事？"

（2）思考让别人更好地了解自己的方式，或摆脱负性情绪的方式，并记录下来。

3. 活动规则（二）

（1）讨论结束后，请大家把自己的气球戳破，象征着他们勇于摆脱用于掩饰痛苦的壁垒。

（2）气球戳破后，隐藏的"心"暴露出来，完好无损，让每个同学找到一个值得信任的人，托付自己的"心"。

（3）向他（她）解释自己的心代表的内容，以及为何要交给他（她）。然后让他（她）解开丝带，看一看里面的内容。

（4）下一次上课时，大家可以分享自己送出去"心"之后有何感受和变化，也可以挑战一下是否愿意把"心"的内容读给同学听。

4. 讨论分享（二）

（1）你藏在内心的负性情绪对你产生了哪些影响？

（2）如果你摆脱了心中的负性情绪，只留下积极的情绪，你的生活会发生哪些改变？

（3）你学到了哪些摆脱生活中负性情绪的方法？

（4）你愿意把自己的"心"托付给别人吗？为什么？

5. 教师小结

人和动物的区别在于，人的情感世界非常丰富。我们的内心无时无刻不在体验各类情绪，有积极的，也有消极的。我们不可逃避负性情绪的存在，它也不会因为我们的隐藏而消失。负性情绪如果被过度隐藏，长期积压，甚至会导致身心疾病。把负性情绪说出来似乎并没有我们想象中那么可怕。当我们给信任的人表达这些负性情绪的时候，他们的信任、关爱和理解其实已经在治愈我们。我们会更有勇气去面对问题，也会更积极地去做出改变，获得更多的积极体验，不断滋养着我们健康成长。

（三）活动变化

1. 主题活动的变化

在头脑风暴"如何让别人更多地了解自己"环节，可以用便利贴写出办法，然后请同学们把这些方法贴到气球上，以便气球的主人能了解到这些方法。

2. 其他替代性活动

互诉情绪

（1）活动规则

①两人一组，面对面坐下，依次向同伴诉说自己最近遇到的一件事，这件事可以是开心的、不顺心的、焦虑的、难过的，等等。

②每组述说时间为10分钟，每人5分钟，教师计时提醒。

③在一人倾诉时，同伴只能认真倾听，通过听对方的语言内容、声音，观察对方的面部表情、肢体动作等，来用心理解和感受对方的情绪，不得插话。

④自己倾诉时也可以适当感受自己当下的情绪。

（2）注意事项

①随机分组。

②分享以自愿为主，可适当鼓励发言较少的学生。

③分享过程中强调保密和尊重原则。

（3）分享要点

同伴描述了什么事件？同伴的情绪有哪些？同伴的面部表情和肢体语言给你留下了哪些深刻的印象？同伴分享时的情绪对你的情绪有什么影响？当你向对方倾诉时，你有什么感觉？当你作为倾听者时，你又有什么感觉？

简约点评 ◇◇◇

用相对开放，但又保留隐私的活动设计，使参与者面对自己内心隐藏的负性情绪，讨论隐藏负性情绪可能存在的风险，尤其是启发了家长更深入地了解孩子的情绪，为以后营造宽松、安全的情绪表达环境创设了基础。

自我管理

投球与定位

📖 设计背景

在高中生的生涯规划中对目标意识的训练十分重要。目标成就未来，如果能科学树立适合自己的目标，那么对于未来的学习是一种驱动力。明确的目标能使学生在迷茫与诱惑中认清前进的方向。核心素养中指出，"培养学生正确认识与评估自我，具有达成目标的持续行动力"。而现实中，有些学生没有目标，有些学生又不能结合自身情况确定合适的目标。这些都会让他们感到迷茫。本次活动课旨在通过互动体验让学生意识到确立适合自己目标的重要性以及学习如何科学有效地制定目标的方法。

📖 活动目标

1. 意识到适合自己的目标的重要性。

2. 培养学生的目标意识和自我挑战精神。

3. 学会合理设置目标。

4. 通过体验、感悟，培养学生正确认识和评估自我，科学有效地设定目标并具有达成目标的持续行动力。

5. 家长在参与情境体验主题活动中，切身体会合适的目标对于任务完成的重要性，学会指导孩子科学设定目标的方法，提升孩子自我管理的能力。

📖 设计思路

本节活动课以哈佛大学关于目标与人生影响的调查结果导入，通过现实的调查数据，使学生意识到目标对于人生的重要意义。引导学生关注目标设定的重要性，为主题活动的开展作铺垫。"投球与定位"主题活动，通过几轮的投球定位与不断的挑战尝试，进一步让学生感悟在任务完成中合理确定目标的重要性。分享和讨论环节重点引导学生利用SMART原则学会确立科学合理的目标。

活动准备

1. 物资准备：乒乓球（每组10～15个）、干净的筐（每组一个）、粉笔（或者标志线）。

2. 场地准备：宽敞的室内或室外。

活动过程

（一）活动导入——哈佛大学关于目标与人生影响的调查结果

哈佛大学有一个非常著名的关于目标与人生影响的跟踪调查，对象是一群智力、学历、环境等条件都差不多的年轻人，调查结果显示：他们中27%的人没有目标，60%的人目标模糊，10%的人有清晰但比较短期的目标，3%的人有着清晰而长远的目标。经过25年的跟踪调查研究，结果显示他们25年后的生活状况十分有意思。3%有着清晰而长远目标的人，25年来一直朝着同一个方向不懈地努力，最后他们几乎都成为社会各界的顶尖成功人士，有成功创业者、行业领袖、社会精英等；10%有着清晰但比较短期目标的人，大都生活在社会的中上层，他们的共同特点是短期目标不断达成，生活状态稳步上升，成为各行业中不可多得的专业人士，如医生、律师、工程师、高级主管等；60%的目标模糊者，几乎都生活在社会的中下层，他们有安稳的生活和工作，但没有太大的成就；剩下27%没有目标的人，他们几乎生活在社会的最底层，生活过得不如意，常常失业，靠社会救助，习惯于埋怨他人、社会和世界。

教师总结：大家在听完这个调查结果之后，有何发现？可以感受到目标对于人生成就的重要性。既然目标如此重要，那我们又该如何确定适合自己的目标呢？目标是不是越高越好呢？我们一起来通过下面的活动体验一下。

（二）主题活动体验——投球与定位

1. 活动规则

（1）全体学生分成10～15人的若干小组，每组领取10个乒乓球和一个筐。

（2）在地上画一条起点线，所有人必须在线后面投球。

（3）第一轮，所有小组的筐都放在离起点线很近的位置（大约0.5米，依据学生情况，确保都能投进去），各小组成员轮流投球，并记录投中次数。

（4）第二轮，所有小组的筐都放在离起点线很远的位置（大约3米，依据学生情况，确保很难投进去），各小组成员轮流投球，并记录投中次数。

（5）第三轮，调整各组的筐离起点线的距离，每个成员在投之前都可以移动筐，距离0.5~3米，即自己认为可以投进的位置。

（6）第四轮，如果上一轮可以顺利投入，那么这一轮可适当把距离拉远一些，看是否能挑战成功。

2. 讨论分享

（1）前两轮的投球让你有怎样的感受？你有何想法？

（2）第三轮中你的感受是什么？有什么想法？

（3）在设定投球目标的时候需要注意些什么？

3. 教师小结

在活动中，我们如果把投球距离拉得太近，投起来就没有难度，很容易完成，不会给我们带来兴奋感和成就感；如果我们把距离拉得太远，以至于根本无法完成，也会打击我们的积极性。因而确定一个适合自己的距离，既有挑战性又能完成的目标很重要。那我们在确定目标的时候应该注意些什么呢？SMART目标制定法，可能会给我们一些启发。S代表具体（Specific），指目标要切中特定的工作指标，不能笼统；M代表可度量（Measurable），指目标是数量化或者行为化的，验证这些目标完成的数据或者信息是可以获得的；A代表可实现（Attainable），指目标在付出努力的情况下可以实现，避免设立过高或过低的目标；R代表相关性（Relevant），指目标是与工作相关联的，目标是与本职工作相关联的；T代表有时限（Time-bound），注重完成目标的特定期限。因此，我们自己确定目标的时候，要评估一下是否符合这些原则。

（三）活动变化

1. 主题活动的变化

可以把体验活动的任务设置为"摘水果"，在教室里悬挂不同高度的水果，让学生挑战去摘。一些高度很低，不需要跳起来就摘得到，一些很高跳起来也难以够到，还有一些高度适中，跳一跳就能摘到。

2. 其他替代性活动——鼓掌定目标

（1）活动规则

①教师："请大家拍掌。"事先不告诉学生要计数，也不让学生看秒表，就让他们随便拍，10秒后请学生汇报自己拍了多少下。

②让大家在脑海中试想一下，10秒钟能拍多少下，把数字记在本子上。

③第二次拍掌，10秒计数，记录真实拍掌数量。

④让大家再定一个目标，预计10秒能拍多少下，把数字记在本子上。

⑤第三次拍掌，10秒计数，记录真实拍掌数量。

⑥要求再定一个目标估计10秒最多能拍多少下，鼓励已经达到上一个目标的学生增加难度，挑战极限，建议离上一个目标还有很大差距的学生适当降低标准，把目标记在本子上。

⑦第四次拍掌，10秒计数，记录真实拍掌数量。

（2）讨论与分享

①第一次老师没有要求拍多少下的时候，你是怎么表现的？

②你定的目标有什么变化？

③当第一次定的目标太高，很难达到的时候，你有什么感受？随后你是如何调整目标的？

④当你"实际拍掌的次数"远超过"目标"的时候，你的心情如何？

⑤通过刚才的活动你想到了什么？

简约点评

目标的意义不是靠强调、说教而来，而是通过活动体验，亲身感受不同目标对于任务完成的影响和意义。通过参与者自己的感悟和分享，最终认识到自我管理中目标设定的重要性。

左 右 脚

设计背景

对于青春期的孩子而言，人生并不缺少选择，而是缺少面对纷繁复杂的选择时的选择能力。他们的选择往往是一时冲动的结果，常常受旁人言论的影响，而什么才是真正适合自己的呢？很多时候他们会迷茫，无从选择。他们常常会羡慕别人拥有的才能，而忽略了自己早就具备的能力。他们常常抱怨自己不能拥有的，却不曾想过自己其实已经拥有了很多。核心素养要求培养学生具备"依据自身个性和潜质选择适合自己发展方向"的能力。因此本节活动课重点在于使学生学会正确认识自己拥有的东西，如何处理羡慕他人的情绪，在面临选择时该如何抉择，选择后又该如何负责。

活动目标

1. 通过体验，帮助学生进行自我探索，学会选择适合自己的机会。

2. 引导学生珍惜自己已经拥有的东西，正确看待拥有和失去。

3. 激发学生自我反省，进一步探索自我的内在需求。

4. 通过体验、感悟，培养学生具备"依据自身个性和潜质选择适合自己发展方向"的能力。

5. 让家长反思自己选择时的影响因素，感悟自身对于已拥有的和他人拥有的事物的态度，提升指导孩子选择发展方向的能力。

设计思路

本节活动课以"人才招募"为热身活动，通过对不同特征的人才招募，让同学们感受到社会评价的多元化并探索个人的内在需求。主题活动"左右脚"让学生体会穿他人鞋子的感觉，体悟看似羡慕别人的好，但事实上并不一定适合自己的道理。启发学生探寻适合自身需求和特点的发展方向，而不盲从。

活动准备

1. 物资准备：粉笔、音乐。

2. 场地准备：空旷的室内或室外。

活动过程

（一）活动导入——"人才招募"

1. 活动规则

所有人围成一个圆圈，老师大声地喊出某一种人物特征，凡是具有这种特征的人都要走到圆圈中并且相互击掌，同时大喊"耶"。

人才特征参考如下：上过舞台、能说三种语言、考过第一、参加过长跑比赛、戴眼镜的、当众出过丑……

2. 教师引导

我们或多或少都会有一些别人没有的东西，也曾羡慕别人拥有的东西。对我们而言，什么才是最珍贵的？什么是真正适合的？对于这些问题，我们平时倾向于向外界寻求答案，总认为没有得到的东西还有很多。有些人不停地索要，有些人不断地占有。难道这些真的适合自己吗？让我们换一个视角，从内在去追寻，我们会有怎样的感悟呢？

（二）主题活动体验——左右脚

1. 活动规则

（1）所有人围成一个圆圈站立，教师要求每个人将左脚的鞋子松开，可以方便自如穿脱。老师提前在大家围成的圆圈内画好一个区域，大小可以容纳所有人的一只鞋子。

（2）等大家都做好准备后，教师一声令下，要求每个同学都将自己左脚上的鞋子用力甩到圆圈区域内。

（3）此时播放音乐，让大家单脚站立2～3分钟，教师观察大家的状况，同时要求大家用心体会此时此刻的感受。

（4）观察到大家快支撑不住的时候，教师停止音乐，请所有人在保证安全的前提下快速到圆圈内找一只不是自己的鞋子穿上，注意不能找自己的那一只。

（5）每个人都找到另一只左脚鞋子穿上，原地转三圈，用心体会此时内心感受。

（6）在教室里找到穿上自己左脚鞋子的同学，然后按照一双鞋子本来的左右脚搭配站好，此时不得私自换回自己的鞋子。保持安静，体会此时内心感受。

（7）依据教师指令，换回自己的鞋子，穿好，原地转三圈，站回开始的队形，体会此时内心感受。

（8）请大家在整个活动过程中保持安静，不要言语交流。

2. 讨论分享

（1）你在挑选鞋子的过程中，观察到了什么？想到了什么？

（2）当你穿上别人的鞋子时，你的感受是怎样的？

（3）当你穿回自己的鞋子时，你的感受又是如何？

（4）联系现实生活，整个游戏的过程让你想到了什么？

（5）在生活中，当我们遇到类似的情况时，你会选择如何面对？

3. 教师小结

当我们在面对纷繁复杂的选择时常常迷茫，到底怎么选才是最好的。我们总是羡慕别人的优点，却忘记了其实我们自己有时候也会成为别人羡慕的对象。并不是所有最好的都是最适合我们的，在选择时，没有最好，只有最合适。就如同我们脚下的鞋子，不是越贵越好，只有合适了才最舒服。而怎样才是合适的，这个问题没有标准答案，因为只有你去尝试了，体验了，才会感受到。如同这鞋子，只有试穿过才会知道合不合适。在选择时，鞋子的外形、品牌、颜色等都不是关键，大小才最重要，属于自己的那一只才最重要。有时候我们过多注重外在的标准，常会忽略自己内心真正的需求而作出不合适的选择。因此多听听自己内心的声音，多问问自己内心的感受，或许对我们做选择会很有帮助。

（三）活动变化

1. 主题活动的变化

在场地允许的情况下，也可以把活动放在室外进行，教师设置一条起跑线，然后所有同学站在线后面，开始时，把鞋子甩到起跑线的另一端，越远越好，然后要求大家单脚跳跃找到另一只不是自己的鞋子，回到起跑线穿好后，进行跑步。

2. 其他替代性活动——大海营救

（1）活动规则

活动步骤：

①想象场景：你是一名船长，一天你载着10名互不相识的游客一起坐游船出

海，当游船行驶到公海的时候，不幸遇到了飓风大浪，游船出现了机械故障，随时都有可能发生翻船的危险。就在此时，一艘救援船经过，求生的希望到来了，但是救援船上有一名很古怪的船长，他一定要作为船长的你说出船上10名游客的3个闪光点才给上船，你作为船长，知道10名游客的大概情况，请帮忙找出他们的3个闪光点，抓住求生的希望。

②分组交流，以小组为单位，组内每个人说出自己发现的游客的闪光点，并和其他人交流选择的理由，把内容填入下表。

表10-1　游客闪光点情况的交流表

游客特点	闪光点——上救援船的理由
1女，比较自私，不愿与人分享	
2男，不讲卫生，污秽不堪	
3女，沉默寡言，没有朋友	
4男，胆小怕事，喜欢大哭	
5女，依赖他人，希望照顾	
6男，经常打架，喜欢逞能	
7男，性格软弱，没有主见	
8男，过于理性，古板无聊	
9女，打扮入时，注重物质	
10男，个性散漫，难以配合	

③小组汇总，全班交流，请一人记录组内最新颖、特别的闪光点3~4个，全班再进行交流。

注意事项：

①分组以4~6人为宜，建议男女生混合编组，这样可以听到更多不同的意见。

②"游客闪光点情况的交流表"中呈现的基本都是负面评价，教师应启发学生发现其特点和长处，但没有标准答案，体现的是学生的观念和价值观，需给予他们积极、正向的引导。

③在开展活动时，特别需要注意某些行为：比如爱打人，虽然换个角度看，

有其潜在优势，但是不良行为还是需要指正的。

（2）讨论分享

①你发现闪光点的过程容易吗？发现的时候心情是怎样的？

②你根据什么标准或理由去发现闪光点？

③在小组交流中，别人对你有怎样的影响？

④将来在评价他人或自己的时候，你会怎样去评价？

简约点评 ◇◇◇◇◇◇◇◇◇◇◇◇◇◇◇◇◇◇◇◇◇◇◇◇◇◇◇◇◇◇◇◇◇◇◇◇◇◇

通过体验式情境的创设，让每一个参与者亲身感受"合适的才是最好的"。启发家长思考自己对孩子的教育方式或期待是否合适，让孩子反思羡慕他人拥有的，想得到的却不一定适合自己。用感悟的方式澄清选择中要遵从的原则，达到自我管理的效果。

◇◇

第十一章 责任担当感悟

社会责任

彼 此 依 靠

📖 设计背景

班级如同一个社会的缩影。在新班级组建初期，虽然同学相互认识了，但彼此之间信任度和默契度较低，班级的凝聚力尚未完全形成，班级的共同目标尚不明确，彼此之间的合作能力有待提升。同学之间的团队意识和互助精神仍未激发，而此时如果能通过一些集体活动帮助学生体会到彼此需要、相互依存的感觉，就能增强同学的归属感，增进彼此的情感联结，有利于团队互助精神的形成。培养学生社会责任的核心素养中也提到，"热心公益和志愿服务，敬业奉献，具有团队意识和互助精神"。本节活动课目的在于通过体验式活动提升学生团队意识，促进彼此信任合作，激发互助精神。

📖 活动目标

1. 消除同学之间的陌生感，增进了解。
2. 感受同学间的依存关系，体验信任与合作的重要性，培养互助精神。
3. 增进同学情感联结，激发团队意识，促进班级凝聚力提升。
4. 培养学生具备服务奉献、互帮互助，团队意识感强的社会责任核心素养。
5. 让家长感受与孩子之间的彼此依靠，增强亲子互动能力。

📖 设计思路

本节活动课以"彼此服务"为热身活动，通过相互服务和肢体的接触，消除彼此陌生感，营造轻松、互助的课堂氛围。在主题体验活动"彼此依靠"中通过彼此的合作与信任，共同完成任务，促进团队意识形成。通过讨论与分享，引导学生将活动中的感悟迁移到现实生活中，明确个人在集体中的作用，并能承担相应的社会责任。

活动准备

1. 物资准备：无。

2. 场地准备：宽敞的室内或室外。

活动过程

（一）活动导入——彼此服务

规则：所有人站立围成一个圆圈，并把双手搭在前面人的肩膀上，帮他捶捶肩膀，同时一起大声说："和你做同学真好，谢谢你！"结束后全体向后转，同样帮助前面的同学捶捶肩膀，同时一起大声说："很高兴能帮到你，不客气！"

教师小结：被别人服务的感觉如何？今天我们这个团队就如同一个大家庭，彼此之间的帮助、理解，能让这个大家庭更加有爱和温暖。一句话、一个动作都可以传递我们的情感。能服务他人是一件愉快的事情。

（二）主题活动体验——彼此依靠

1. 活动规则

（1）在团队里找一个和自己体型相近的人为一组，两个人先背靠背坐在地上，双脚伸直，屈膝向上。然后扣住彼此的手臂，在听到"开始"指令后，两人在手不松开、背靠背的情况下站起来。

（2）两人完成后，四人一组再完成前面的动作，以此类推。可以尝试挑战全班一起，但难度较大。

注意事项：在起立过程中，手臂不得松开，手不能触及地面，不得借助其他的外力，只能依靠彼此的后背支撑力量站起来。

2. 讨论分享

（1）在刚才的活动中你是向前倾起立还是向后靠起立的？

（2）成功起来之后，你有怎样的感受？

（3）怎样才能让你的搭档信任你，快速完成任务？

（4）这样的信任和依靠对我们班级的发展有什么作用？

3. 教师小结

汉字中的"人"，是由一撇一捺组成，这是一种扶持，一种信任的依靠。要想站得稳、起得快，是不是要先学会付出自己的支持，成全别人的同时也成就了自己。信任是前提，你只有相信你的同伴，全身心支持他，他才会以同样的支持帮助你起来，你们之间是互助关系。班级也是如此，在我们信任他人，全心付出奉献时，我们或许也在收获成长。

班级团队的成长是一个艰难的过程，我们每一个人都有着不同的个性和需求，要想让大家步调一致，同步完成一件事情，是很困难的。但在团队中，我们有着共同的目标，我们需要彼此扶持、信任依靠、相互理解和帮助，只有达到平衡时，团队才能真正快速完成任务，达到目标。

（三）活动变化

1. 主题活动的变化

（1）为了增加紧张刺激的气氛，可以在组与组之间进行比赛。

（2）在集体挑战时，可以尝试限时完成，如15秒、20秒等。

（3）在体验信任时，也可以让两人小组一人戴眼罩，一人不戴眼罩。

2. 其他替代性活动——"行走"的气球

活动规则：

（1）全班分成两人一组，并排站在起点处，每个人都需要双手交叉放在胸前。终点视场地大小而定，路程不宜太短。

（2）在两个人的手臂之间放一个已吹好的气球。视场地大小，可以同时几组进行。

（3）听到"开始"指令后，两人一起从起点出发，夹着气球走到终点。

（4）在此过程中，除了手臂之外，身体其他部位不能接触气球；如果气球中途掉地，则需要回到起点重新开始。

（5）完成了两人一组挑战后，可以尝试四人一组、八人一组、十六人一组等。

简约点评：◇◇◇

主题体验活动中，家长与孩子们通过身体的互相扶持，合力完成了挑战。不仅让他们感悟了互相扶持、相互信任的重要意义，同时也呼应了亲子关系中彼此依靠、相互配合才能使关系更和谐、更亲密的道理。

◇◇◇

步 步 惊 心

设计背景

　　一个富有凝聚力的班级必定有着一群有责任心的学生。责任是一种素养、美德和使命。当班级里的每一个学生都能清楚认识到自己的责任，并愿意为之担当时，整个班集体的凝聚力就会更加强劲，班级管理也会更加轻松。在班级里，学生有时候不仅需要对自己的行为负责，还必须为集体的荣誉负责。有时候还会需要因为他人的过失而共同承担责任，此时是应该抱怨、指责还是应该宽容、鼓励呢？本节活动课旨在让学生通过体验，深刻体会面对责任时的感受，正确看待他人的过失，能主动作为，履职尽责，对自我和他人负责，学会担当，培养社会责任感。

活动目标

　　1. 增强学生的责任意识，强化团队中的责任担当。

　　2. 让学生感受到在团队中勇于承担责任、主动作为的重要性。

　　3. 引导学生在团队中正确看待自己的责任与别人的过失，学会以同理心理解他人。

　　4. 培养学生主动作为，履职尽责，对自我和他人负责的核心素养。

　　5. 让家长感受责任担当的重要性，观察孩子在团队中的责任体现，多角度了解孩子。

设计思路

　　本节活动课以"人以群分"热身活动开始，打破彼此的拘束感，创设开放、投入的课堂氛围。通过主题活动"步步惊心"，让学生在活动中体验为自己负责和为他人负责。最终在讨论分享环节，让学生分享自己在活动中的真实感受和想法，换位思考并领悟负责与担当在团队中的重要性。

活动准备

　　1. 物资准备：无。

　　2. 场地准备：宽敞的室内或室外。

活动过程

（一）活动导入——人以群分

全体成员围成一个大圆圈，老师在中间发指令，要求大家按照指令的字数，找到相应的人数并手拉手蹲下来。建议可以从少到多，直到能把全班分成8个组。例如："大家好""两只蝴蝶""两个人抱在一起"等。

（二）主题活动体验——步步惊心

1. 活动规则

（1）两个小组的同学面对面站立，组成一个大组。除了每个小组的第一位同学站立之外，其他的人都面对面蹲下。

（2）站立的两个同学面对面猜拳，一次决胜负。

（3）胜利一方的其他队员监督失败一方蹲着的队员完成相应数量的下蹲。猜拳的同学不管输赢都不需要做。

（4）下蹲的次数和输的次数一致，例如，第一次输了做一个，第二次输了做两个。

（5）游戏继续，输了的一方蹲下，轮到下一位与胜方第一位进行猜拳。

（6）第一轮结束后，从队尾开始进行第二轮，规则与第一轮一致，唯一区别在于下蹲次数是第一轮次数的5倍。

注意事项：在活动中要特别留意观察个别同学由于不愿意承担责任而表露出的负面情绪，对于过于激烈甚至导致冲突不愉快的行为进行及时干预。

2. 讨论分享

（1）当同伴失败的时候，你看到了什么？听到了什么？

（2）当同伴失败时你的感受是怎样的？轮到你失败的时候，你的感受又是怎样的？你觉得是什么让你有了这样的感受？

（3）在游戏中你有失败过吗？你的感受是什么？如果你失败了，你希望别人怎么对你？

（4）你从刚才的活动中发现了什么？在班级、家庭中我们该如何面对他人犯的错误呢？我们又该承担怎样的责任？

3. 教师小结

每个人都要为自己的行为负责。自己出了差错，理所应当承担责任。但在团队中，我们是一个集体，每个人都应该为集体的荣誉负责，为团队的胜利努力。虽然因为他人的错误而导致自己利益受到损害时，我们会有些抱怨、泄气，当我们因为自己的错误而让别人遭受损失时，我们也会自责、内疚，但同时我们也希望别人能够宽容对待我们。彼此宽容、理解、鼓励，我们团队会更加温暖和团结。在团队中，我们不仅要承担自己的责任，还要少一分抱怨，多一分理解；少一份牢骚，多一份帮助。

（三）活动变化

1. 主题活动的变化

在活动中，可以根据学生的情况，采取不同的"惩罚"措施。对输的一方除了做下蹲，还可以换成"刮鼻子"或者准备一些充气棒，轻轻地敲击。注意惩罚的措施不宜太苛刻或者太简单，目的在于让学生意识并体会到应负的责任。

在分组的时候，也可以由两人一组变成四人一组，让彼此的责任意识更强烈。

2. 其他替代性活动

青蛙跳水

（1）活动规则

全班围成一个封闭的圆圈，从某一个开始，念"一只青蛙跳下水，咚"，同时做下蹲的动作，第二个同学接着念"两只青蛙跳下水，咚、咚"，同时做下蹲动作。以此类推，几只"青蛙"就念几次"咚"。如果中间有学生出错，则全体一起做下蹲，下蹲次数和出错的次数一致，直至全班顺利完成任务。

（2）注意事项

老师要留意学生的报数和"咚"的次数是否一致，随时观察活动中部分学生由于下蹲次数过多而出现的负面情绪。

简约点评 ◇◇◇◇◇◇◇◇◇◇◇◇◇◇◇◇◇◇◇◇◇◇◇◇◇◇◇◇◇◇◇◇◇◇◇◇◇

主题体验活动可以让参与者更强烈、真切地体会团队中的责任和担当。每一次的共同担当，都会加深大家对责任意识的理解。

国家认同

歌声代表我的心

设计背景

　　具有文化自信，尊重中华民族的优秀文明成果，能传播弘扬中华优秀传统文化和社会主义先进文化，这是学生核心素养在国家认同方面的应有之义。国家认同既是对本国的历史文化、传统精神、价值取向、现实状况、未来发展等表示高度认同，充满信心和乐观主义精神的情感，也是对国家发展、强大过程中先辈们努力的肯定和感恩。但"认同"对于高中生而言，不能是说教和直接知识的传播，而应是一种润物细无声的引导和切身体验之后的自然领悟。我们有很多歌颂祖国、歌颂英雄的音乐作品，向大众传播人民对祖国的赞美和美好期待，加上音乐又具有极强的传播性。因此，本节活动课我们用歌声唤起学生对祖国的热爱和归属感，从而增强学生的民族自豪感，促进其对国家的认同，对国家历史、文化、政策的理解。

活动目标

　　1. 运用歌曲激起学生对祖国的自豪感。

　　2. 增强学生对祖国历史、山河的了解，发现祖国的美好。

　　3. 培养学生对祖国的归属感。

　　4. 在悠扬的歌声中唤起学生对祖国的认同感，激发学生对祖国未来建设的责任感和使命感。

　　5. 家长不仅可以展示自己的文艺才华，也能拉近与孩子的距离。提升孩子对家长的崇拜感，提升亲子亲密度。

设计思路

　　音乐具有易学、易传播的特点。通过音乐的形式，设计活动让学生吟唱，不仅可以让其印象深刻，也帮助学生在悠扬的旋律中感受祖国的山河壮丽、人民美好，感悟老一辈建设者的艰辛和付出，从而引发学生的情感共鸣，增强民族自豪感和国家认同。

活动准备

1. 物资准备：话筒、手指棒、相关歌曲、歌词等。
2. 场地准备：室内。

活动过程

（一）活动导入——猜歌名

全体分成4个大组参与活动。老师播放一些歌颂祖国的歌曲的片段，每组抢答歌名。每答对一首获1分。

歌曲举例：《我的中国心》《我的祖国》《保卫黄河》《五星红旗》《国家》《我爱你，中国》《在希望的田野上》《大海啊，故乡》……

（二）主题活动——歌声代表我的心

指导语：音乐总是能给人美的感受，我们耳熟能详的关于祖国的歌曲有很多，很多经典歌曲传唱了几十年，这些歌曲歌唱我们祖国的大好河山，颂扬为我们带来和平的最可爱的人，也寄托着人们对于祖国美好明天的无限向往，今天我们就一起来用歌声表达我们对祖国的热爱。

1. 活动规则

（1）4个小组在每一轮的比赛中派4~5名代表上台参赛，每人只能参加一轮，其他成员可以作为智囊团。

（2）每一轮主持人随机抽取提前准备好的曲库中的一首歌曲，播放片段之后，由主持人通过手指棒指向任一组随机接唱。

（3）接唱错误的小组在此轮结束后要合唱此歌曲。

（4）根据时间设置轮数，最后统计每组接唱成功的次数。

（5）最后可以选择一首歌曲全班合唱。

2. 讨论分享

（1）在刚才的歌唱中，你看到了什么？听到了什么？

（2）在演唱中，你的感受是怎样的？

（3）如果让你创作一些歌颂祖国的歌词，那会是什么呢？

3. 教师小结

在歌声中我感受到了大家的热情，我们并不是为了唱而唱，也不是在简单重复歌词，我们在唱每一句歌词时，都需要用心揣摩词曲家们创作的初衷，体会歌曲的意境和表达的情感。祖国的山河美景需要我们用心去发现，祖国的辉煌未来也需要我们共同创造。

（三）活动变化

1. 主题活动的变化

可以在歌曲表演的时候，增加一些难度，例如表情、动作等，从而让活动氛围更加的活跃、开放。

2. 其他替代性活动

照片传情

每个人提前收集以前到现在的一些具有代表性照片，从爷爷奶奶那一辈开始收集，重点突出当时的生活方式、环境、个人服饰、生活场景等，拍照制作成PPT，然后在课上作汇报介绍。

简约点评 ◇◇◇◇◇◇◇◇◇◇◇◇◇◇◇◇◇◇◇◇◇◇◇◇◇◇◇◇◇◇◇◇◇

主题活动中音乐的情感魅力让参与者不由自主地融入其中，并通过歌唱表达对祖国的热爱、认同。营造这样一种氛围在无形中激发了参与者的爱国热情。

我 的 祖 国

📖 设计背景

　　学生作为一个国家公民，对于自己祖国的认知、情感认同，以及对自己国民身份的自豪感都是我们培养学生爱国主义精神的重点。中国是一个多民族国家，民族认同与国家认同相统一，是多民族国家保持国家统一和社会稳定的思想基础。学生的爱国主义教育、国家认同感应该从民族认同、文化自信开始。本节活动课旨在通过体验促进学生对国家的了解，培养学生的国家意识、国民身份认同，并提升其民族自豪感。

📖 活动目标

　　1. 考查学生对自己祖国的了解与认识。

　　2. 普及国家的基本常识，激发学生对国家文化历史的关注。

　　3. 提升学生的社会责任感，培养学生的国家意识。

　　4. 通过了解国家的历史文化，认同国民身份，提升民族自豪感和归属感。

　　5. 让家长获得相关国家地理和民族知识，了解孩子国家认同感形成的过程。增加亲子互动交流话题，增强国家认同感。

📖 设计思路

　　根据高中生对国家地理、历史的掌握程度，设计相关问题，以文字或绘画的方式表达出来。高中生竞争意识强烈，因此活动以分组竞赛的形式进行。通过问题的设置，渗透国家历史、地理文化知识，加深学生对祖国的理解及认同。

📖 活动准备

　　1. 物资准备：白纸、彩笔、透明胶布（每组各一份）、全国各省级行政区名牌若干（例如山东、广东、上海，数量和班级人数相等）。

　　2. 场地准备：室内。

活动过程

（一）活动导入——迅速定位

活动规则：

1. 老师提前做好中国各省级行政区名牌，数量与参加人数相等。分别包括八大地区：华东地区（包括山东、江苏、安徽、浙江、福建、上海）；华南地区（包括广东、广西、海南）；华中地区（包括湖北、湖南、河南、江西）；华北地区（包括北京、天津、河北、山西、内蒙古）；西北地区（包括宁夏、新疆、青海、陕西、甘肃）；西南地区（包括四川、云南、贵州、西藏、重庆）；东北地区（包括辽宁、吉林、黑龙江）；港澳台地区（包括香港、澳门、台湾）。

2. 八个地区分为八个组，依据省数量及学生每组人数，可以将个别省级行政区名牌制作多张，以达到各组人数均等的效果。

3. 每个人抽取一张名牌，请在最短的时间内找到自己所在的地区，并确认地区名称，各小组以地区名称命名。

（二）主题活动体验——我的祖国

指导语：（老师准备一张中国地图，用于讲解）各位同学，这就是我们的祖国——中国，我们已经在这片土地上生活了许多年，我们对祖国的山河、历史、文化了解多少？作为一个中国人，作为要为祖国的繁荣富强付出努力的青少年，祖国的一草一木、一山一河，祖国璀璨的文明历史都是我们必须了解掌握的，为祖国代言是我们义不容辞的责任，我们每一个人身上都有着强烈的社会使命感，所以现在就让我们一起走进中国地图，去探寻它、体验它和承担它。

1. 活动规则

（1）全班按照"迅速定位"活动分为8组，活动以问答的形式进行，整个活动共六轮，难度逐渐递增，各小组实行计时、计分（100分制）的评比规则，最后每组以各轮总分相加为最终结果。

（2）各组在规定时间内将答案以书写或者绘画的方式呈现在白纸上。

（3）第一轮：我的祖国轮廓，各组以绘画的形式在白纸上画出祖国的轮廓，形成中国地图。限时5分钟，计5分。

（4）第二轮：祖国区域定位，请各组在地图上表示出中国所有省级行政区（省、直辖市、自治区、特别行政区等），画出具体位置、大小、形状，标记名称。限时15分钟，计10分。

（5）第三轮：祖国山河地貌，请各组将每个省级行政区的地理状况在地图上标注出来，可以直接写地形特征，也可以画出大致形状。例如，新疆有盆地、沙漠，河南属于平原地带等。限时25分钟，计15分。

（6）第四轮：祖国自然资源，请各组将各省级行政区最富有特色的自然资源写在纸上。例如，新疆石油、四川有色金属等。限时25分钟，计15分。

（7）第五轮：祖国历史文明，请各组将每个省级行政区最具有代表性的历史遗产标记在地图上，包括名胜古迹、特色景点、标志性建筑、特色美食等，至少写三项。限时30分钟，计25分。

（8）第六轮：祖国人文发展，请各组将每个省级行政区最突出的有关人文、民俗文化等在地图的相应位置标注出来。例如，风土人情、礼仪文化、当地民俗、杰出名人等。限时30分钟，计30分。

（9）完成上述六轮后，主持教师负责判断各组正确率，统计总分并公布。

2. 讨论分享

（1）你对自己刚才的表现满意吗？为什么？

（2）在整个活动中你的感受是怎样的？

（3）在刚才的竞答中，你有何发现？

（4）你认为在对祖国的了解方面，自己还需要做些什么努力？

3. 教师小结

活动结束后，可能大家觉得自己对祖国的了解太少，似乎地理、历史知识的储备还需要不断完善，尤其是对于理科生而言，似乎我们的学习只是为了高考学科，但事实上，关于祖国的文化历史、地理山河的了解也很重要。一个公民如果对自己祖国的历史、地理不了解，那么何谈热爱。中国的崛起已经势不可挡，站在世界舞台的中国需要更多的国民代言。我们作为高中生，未来需要为祖国富强、繁荣承担责任，那我们如何去丰富自己的知识储备，拓宽自己的国家视野，提升自己的责任担当？

（三）活动变化

1. 主题活动的变化

可以依据学生的知识储备情况，对每一轮的题目难度进行调整。游戏的轮数也可以根据现实课堂的需求进行适当的删减。

2. 其他替代性活动

心理剧：重建家园

场地：室内

器材：依据剧情需要准备

过程：

（1）活动情境预设：中国某地发生强烈地震后，在当地居民和来自全国各地的专业救援人员的共同努力下，当地居民已经能够住进板房内，一日三餐供应正常，学校、企业、工厂都恢复了基本运转，居民生活正常有序。

（2）活动基本假设：在灾后重建的过程中，很多建设工作需要专业人员去完成，如校舍返修、新盖高楼、电缆铺设、管道铺设等，除了硬件设施外，还有一些软件方面，如心理援助、职业技能培训、社区管理等。

（3）活动要求：现在同学们组成了一支"专业助人队"，将奔赴灾区进行重建工作，请各组结合自身的关注点和能力范围选择一个最紧迫的工作，参与灾区重建。

（4）每个小组负责一项重建项目，从如何策划、分工、开展工作等方面进行讨论，分角色扮演，练习。

（5）每组将自己选择的任务、落实的项目内容以心理短剧的方式呈现。

（6）其他组进行观看并给予点评，老师进行总结。

分享要点：通过情境模拟体验活动，体现学生关心社会发展，体现学生敬业、友善的社会主义核心价值观，以及对社会责任的承担。在经历国家灾难等社会事件时，每一位公民的用心参与、思考与行动，都能体现其对民族同胞的关爱、互助，学生能从中汲取精神养分，获得民族认同感。

简约点评

通过活动创设让参与者更立体、全面地了解祖国山河、人文、物产等，参与者有一种置身其中的丰富体验感。活动能够加深他们对祖国的了解，激发其对祖国的热爱和认同。

国际理解

动 物 家 族

📖 设计背景

　　世界是多元的。从大的方面看，不同国家、民族、文化之间存在差异，从小的角度说，个体的个性、兴趣、爱好也存在差异。尊重差异，倡导每个人都是独一无二的，很多问题的答案并不只有一个，在解决问题时不同的观点尤其重要。高中生要懂得差异的重要性，并尊重这些差异，要学会如何在生活中尊重多样性的存在，从而尊重不同民族、个人的习惯，营造和谐、包容的文化、人际环境，具备从他人（不同）的角度看世界的能力，提高自身的环境适应能力。尤其是在信息高速发展的今天，世界各国之间的交流、合作更加密切，引导学生具有全球意识、开放心态，并能以彼此尊重差异的价值观来积极参与跨文化交流，提升学生的社会参与度。

📖 活动目标

　　1. 认识到我们是不同的，世界存在差异性。

　　2. 帮助学生尝试从不同的角度看待同一个问题。

　　3. 在体验中认识到差异如何成为值得欣然接受并有利的财富。

　　4. 引导学生以开放的心态尊重文化的多样性和差异性，并积极参与跨文化交流，提升学生国际理解能力。

　　5. 让家长感受差异的无处不在，重新理解孩子日常表现的差异，并尝试理解和宽容，提升亲子沟通效率。

📖 设计思路

　　本节活动课以"动物世界"为热身活动，引出丛林多样性，隐喻世界的多元化。在主题体验活动中，采用"动物家族"活动，让学生自由选择自己喜欢的动物组成动物家族，并对自己选择的原因进行分析，最后在讨论分享环节引导他们注意到"某人喜欢的，另外的人未必喜欢""每一种动物都存在着优势和不足"，这些差异带来了什么好处？我们如何才能更好地理解这些差异，从而让我们接受彼此，共同合作。

活动准备

1. 物资准备：四张海报纸、彩笔若干、四种动物玩偶（老鹰、狮子、变色龙、乌龟）。

2. 场地准备：室内宽敞场地。

活动过程

（一）活动导入——动物世界

活动规则：

（1）教师提前准备好一些动物名称纸条。（种类越多越好，数量和参加人数一致）

（2）每人抽取一张动物纸条，抽到后自己看，保密。

（3）听到"开始"指令后，所有人要对自己抽到的动物进行动作和声音的模仿，两两互猜，猜对方模仿的是什么动物。

（二）主题活动体验——动物家族

指导语：动物世界是多样的，刚才大家模仿了各种各样的动物，感觉如何？刚才的模仿有没有一个完全正确的或错误的答案？有哪些同学觉得只有一种正确的看待问题的方式？

接下来，我们要做一个活动，让大家看到对待同一件事情，我们可以有多种不同的方法。

1. 活动规则

（1）教师在教室的四周放置四种不同的动物玩偶（老鹰、狮子、变色龙、乌龟），提前把制作好的海报放在动物的旁边。

（2）选择一种动物，教师提问："如果你可以选择成为一种动物度过一天，你会选择哪一种呢？"（呈现四种动物给大家选择）请你在心里选择好这个动物。

（3）所有人在心里作好选择后，请大家迅速站到自己所选择的动物旁边。

（4）各小组讨论完成海报内容，并完成表11-1。

表11-1　选择你想成为的动物

为什么我们要成为＿＿＿＿＿＿＿＿（变色龙）		
为什么我们不想成为		
＿＿＿＿＿＿（狮子）	＿＿＿＿＿（老鹰）	＿＿＿＿＿（乌龟）

2. 讨论分享

（1）每个组派代表站到前面向大家展示并读出海报内容。

（2）在刚才的分享中，你注意到了什么？

（3）当听到关于自己所选动物的负面评价时，你的感受如何？想法是什么？

（4）如果我们每个人选的动物都一样，那刚才会是什么样子？有什么好处？又有什么坏处？

（5）如果把它联系到我们自己和班级，会给你什么启发？

（6）我们如何才能更了解让我们不舒服的差异，从而让我们接受彼此，共同合作？

3. 教师小结

我们会看到，每个人的选择都不一样，而这没有唯一正确的答案，我们彼此都存在差异。我们对同一个问题的看法也会不同，但这并不影响我们的相处，反而会让我们看问题有了新的角度，拓宽了视野。当我们固执地认为只有自己认为对的才是好的，那我们就失去了进一步了解美好世界的机会。世界之广，想法之多，差异之大，都存在值得我们进一步了解和探索的未知。接纳差异的存在、尊重彼此的差异，会为我们的生活打开更广阔的天地。

（三）活动变化

1. 主题活动的变化

在"动物家族"体验活动中，也可以选择不同的水果、季节等。同样也会让大家感受到每个人的喜好差异。

2. 其他替代性活动——神秘礼物

场地：室内

器材：枕套一个、两张海报纸和彩笔、一个不常见的东西（例如容易压扁、杂色、形状特别的球）

过程：

（1）将全班分为两组，一个组在活动的时候，另一个组在室外，让两组分开。

（2）将"神秘礼物"拿给第一组，（放在不透明的密封的袋子里）邀请每个人伸手到袋子里触摸几秒钟，不要让任何小组成员看到礼物。请小组成员头脑风暴，用形容词描述这个物品，记录在海报纸上。然后老师拿走"神秘礼物"。

（3）把"神秘礼物"带到第二组，把它从袋子里拿出来，小心放在桌子上，让全组人看到，组里任何人都不得触摸它，展示15秒后拿走，请大家头脑风暴，用形容词描述他们这个物品，记录在海报纸上。

（4）把两组同学召集到一起，每组派代表读出自己清单的内容，把两张海报纸放在一起。

分享要点：你们认为描述的是不是同一件物品？为什么会存在如此多的不同？由于两种描述是基于不同的经验（摸和看）。联系实际生活，我们如何对事物有不同的体验，差异源自哪里？如何看待这种差异并接纳尊重？

简约点评 ◈◈

主题活动让参与者借助动物的隐喻来感受世界上无处不在的差异，有助于理解差异。分享环节引导参与者尝试去尊重和接纳这些差异，从而增强参与者的国际理解意识。

◈◈

居安思危迎挑战

设计背景

随着科技的进步与发展，全球化越来越明显。全球化表现为全球联系不断增强，人类生活在全球规模的基础上发展以及全球意识的崛起。这是人类社会发展的过程。20世纪90年代后，随着全球化势力对人类社会影响层面的扩张，已逐渐引起各国政治、教育、社会及文化等领域的重视。全球化趋势给我国带来机遇的同时，也不可避免地带来挑战。基于此，我国急需培养和储备国际化人才。高中生辩证逻辑思维不断发展，思维可塑性大，接受新事物的能力强，因而在此阶段引导学生形成全球化思维、训练国际化视野，非常有利于学生个人及国家未来的发展。

活动目标

1. 认识到事物间都存在关联性，全球化是国家关联性日趋紧密的结果。

2. 能理解、包容、接纳人或事物存在的个性特点。

3. 树立全球意识，主动开阔视野，接受新鲜事物。

4. 通过合作绘制地球的活动，让学生理解全球化进程的特点，能以开放心态看待全球化带来的变化，发展全球视野和世界胸怀。

5. 家长在参与情境体验主题活动中，更加理解世界全球化进程，同时了解孩子国际理解能力的发展水平。增加亲子互动交流话题。

设计思路

本节活动课以视频导入，通过文化差异的缩小引出全球化的主题。主题体验活动中让学生通过合作绘制地球活动，理解个体间存在的关联性。它们既是独立的，也是相互作用、相互影响的。因此，启发学生要树立全球意识观、大局观，以开放的心态主动了解事物的联系和国际变化，开拓全球视野，以成为国际化人才为自我发展的目标。

活动准备

1. 物资准备：A3纸，彩笔（每组一份），计时器，气球，按铃。
2. 场地准备：教室或室外。

活动过程

（一）活动导入

播放外国人在中国生活的相关视频，引导学生看到文化差异在逐渐弱化。

（二）主题活动体验

指导语：我们之所以有现在的生活，都依赖于地球。地球不仅为人类世代繁衍提供了场所，还无私地奉献了她可提供给我们的一切，并且是目前宇宙中发现的唯一的宜居星球。在你们心目中，地球是怎么样的呢？让我们带着问题，完成下面的任务。

1. 活动过程

（1）要求每组在A3纸上用彩笔画出你们心目中的地球，活动开始前有3分钟时间构思。

（2）活动开始，每组以纵队形式在白纸上绘画，如图11-1所示，每人10秒时间绘画，铃响换人，直到所有人画完结束，过程中不允许交流。

图11-1 绘画活动的纵队形式

（3）小组介绍作品。

2. 讨论分享

（1）小组的地球画跟你们想象中的是否一样？

（2）是什么导致想象与事实间的差异？

（3）你如何理解事物之间存在的关联性？

（4）如果联系到你的生活，活动带给你什么启发？

3. 教师小结

（1）虽然我们一开始都有共同的地球蓝图，但是实际操作过后，可能跟我们预设的会有差距。这是因为每个人都是独立的个体，在绘制的过程中会作出不同的选择，然而每一个独立个体的思想，在相互作用下，又会形成一个新的整体，这就是事物之间存在的关联性。

（2）我们现在处于一个空前的全球化进程中，国家之间的联系日益紧密，相互影响也越来越大。例如，我国的油价会受到中东国家油品产量的影响，新西兰出现疯牛病会导致全球牛肉制品销售紧张。全球化为我们将来的发展带来了更多的挑战，创造了更多的机遇和发展空间，这就要求我们具有更广的视野、更多的视角去关注身边事物、国际形势的变化，具备全球化意识和开放的心态。

（三）活动变化

1. 主题活动的变化

可以把绘画改成陶艺制作等形式。

2. 其他替代性活动——地球上下两千年

活动规则：

（1）每组选择一个剧目（尽量每个剧目都有组选择），在规定时间内设计好剧本（老师提供相关参考资料，介绍不同时代中外民众一天的生活）、分配好角色、排练剧情，每个剧演出限时5分钟，要求每人都要参与。

（2）剧目演出。

（3）讨论：不同年代人们的生活最大的区别是什么，是什么造成这种结果？中外同时代民众生活有什么异同点？

简约点评 ◇◇◇

主题活动设计了每个人都参与的活动，寓意全球化进程与每个人的生活息息相关，以此激发参与者努力开拓视野、开放包容接受新鲜事物的勇气。

第十二章 实践创新体验

劳动意识

设置优先权

设计背景

高中生学习任务繁重，需要学会科学的任务管理，提高学习效率。尤其是在面对多重任务时，学会科学、有效地安排任务完成的先后顺序，事关任务解决时的心理、情绪问题。在核心素养中提到，"要培养学生掌握一定的劳动技能，具有改进和创新劳动方式、提高劳动效率的意识"。因此，本节活动课通过案例导入和情景角色扮演，让学生学会如何有序安排事务，科学设置优先权，促进其劳动意识的形成。

活动目标

1. 帮助学生懂得对重要事务进行优先处理的重要性。

2. 使学生学会如何在劳动中对事务进行优先处理。

3. 通过体验活动，让学生形成改进、创新劳动方式，提高劳动效率的意识，促进其核心素养的形成。

4. 家长在参与体验活动中，获得相应的任务管理能力，了解孩子日常生活中任务管理的能力现状。通过学习科学的方法，有效指导孩子进行任务管理，提升劳动意识。

设计思路

本节活动课旨在引导学生学会对事务进行优先顺序的设置。以案例导入，让人更有亲近感，贴近现实生活，代入感强。通过主题体验活动的角色扮演，学生在设置的情境中充分体验、学习有序安排事务的方法和技能。最后，通过讨论分享将知识迁移到现实生活中。

📖 活动准备

1. 物资准备：无。
2. 场地准备：室内。

📖 活动过程

（一）案例导入——小强的困扰

小强在多数老师眼里是个聪明但不怎么用功的学生，他唯一擅长的是数学。他妈妈总是让他再勤奋努力一些，把学习成绩提上来。小强似乎很用功了。通常，小强每天至少要做四门家庭作业。他总是先做数学作业，因为他喜欢数学，数学作业对于他而言就是小菜一碟，但问题是接下来要做什么作业他就不知道了。英语很无聊，每次总是没完没了地写段落文章，语文作业又要看大量的书，而物理作业太复杂，小强一看就头疼。因此在做完数学作业后，他变得很沮丧，最后其他三门作业都没有完成。

老师提问：小强怎样才能得到他所需要的帮助呢？

（二）主题活动体验——设置优先权

指导语：在案例中我们看到小强面对不得不完成的四门家庭作业，没有提前设置优先权，给他带来了极大的困扰。那现在我们一起来看看设置优先权需要的技巧有哪些。

1. 活动规则

（1）教师在黑板上列出技能要素

①确定要完成的事务有哪些。

②确定事务的先后顺序。

③记下你的事务并编上序号。

④根据每一件事务解决或完成所需要的时间，重新在另一张纸上排序。

⑤将两张列表合并，然后合理排列优先顺序。

⑥着手处理位列第一的事务。

⑦告诉自己必须一次只专心做一件事情。

（2）教师技能示范

邀请学生说出一些他们必须解决的问题或是限时完成的任务，至少在黑板上记下六件，然后用以上七个步骤示范如何利用技能要素优先排列事务。

（3）回顾案例

案例"小强的困扰"说明排列事务优先顺序有多么重要，这不仅仅是为了完成学校的作业，更是为了满足个人未来职业的需求。

（4）情景扮演

①邀请学生进行角色扮演，模拟以下情景，必须用到技能要素，将任务完成的先后顺序排列出来。

情景一：一个人要在一天之内完成下面这些任务：拖地、洗衣服、买菜、整理房间、做饭。

情景二：一个学生放学后要完成的活动：参加戏剧社活动、去足球队训练、放学后给老师帮忙、打篮球、帮妈妈做家务。

②情景扮演完之后，老师进行点评，肯定正确行为，确认不合理的行为，并给予纠正后重新扮演。

2. 讨论分享

（1）如果人们没有学会对事务进行优先排序，会出现什么状况？

（2）你认为排列优先顺序的好处在哪里？

（3）在刚才的技能要素中你学会了什么？

（4）在生活中你将如何排列事务优先顺序呢？

3. 教师小结

每天都会有不止一件的事务需要我们去处理。当繁杂的事务放在我们面前时，我们是被困扰得无从下手，还是已经学会了列表排列优先顺序，这会极大地影响我们的劳动效率。在学校里，按照优先顺序去完成每一件事务会让你感到很从容，心理压力也会变小。生活充实而有序，自然情绪也很积极。当你具备这一技能之后，你步入社会工作时，也能高效率地完成复杂的任务，这对你的职业生涯具有重要意义。

（三）活动变化

1. 主题活动的变化

在情景扮演环节可以设计更适合学生的问题。

2. 其他替代性活动——财务优先排列

（1）活动道具：财务优先排列单。

（2）活动规则：每人一张"财务优先排列单"。

表12-1　财务优先排列单

你本月要完成的支付账单：

电费	85元	书费	75元
煤气费	100元	电话费	26.5元
看牙医	62元	超市食品	71元
水费	37.5元		

总计：457元

目前你只有300元可以用来支付账单，请你和家人商量，如何先完成最需要的紧急支付款，这些账单都需要一次性付清吗？请在下面制定一张你的财务优先排列单：

| 项目 | 应该付款 |
| | |

分享要点：如果没有设置优先顺序，你的生活将会发生怎样的变化？如何设置这些款项支付的优先顺序？从中你学到了什么？

简约点评

生活中真实案例的引用更能引起参与者的共鸣。主题活动中的技能练习和情景扮演更能启发家长和孩子将所学技能落地，通过实践增强劳动意识。

纸 牌 屋

设计背景

俄国教育家乌申斯基说过："教育不但应当培养学生对劳动的尊敬和热爱，它还必须培养学生劳动的习惯。"劳动能力是每个人在社会生存的必备技能，不论是家务劳动还是社会工作劳动，需要的不仅仅是力量，更需要知识、技术和方法。现代社会的劳动已不仅仅是体力的付出，更多的是脑力的付出，需要具备科学、创新的劳动方式。要有提高劳动效率的意识，并能在劳动中不断反思、改革优化，这也是核心素养对学生的要求。高中生思维发展趋于成熟，总结反思能力也在不断提升，本节活动课旨在通过活动的体验让学生在任务完成中学会运用技巧和反思优化，提升劳动效率。

活动目标

1. 锻炼学生的动手能力和合作能力。

2. 训练学生在劳动中的创新思维，激发想象力和创造力。

3. 学会如何在劳动中反思和优化的方法。

4. 改进、创新劳动方式，形成提高劳动效率的意识，促进其核心素养的形成。

5. 家长与孩子合作完成任务，有利于亲子和谐，同时也能让家长更深入地了解孩子的动手能力和想象力。

设计思路

本节活动课旨在训练学生的动手能力，并激发学生在劳动中的创造力和想象力，通过反思、优化劳动方式，提高劳动效率。以"扑克分组"为热身活动，在"破冰"的同时进行分组。主题体验活动"纸牌屋"要求学生在规定时间内用所给材料完成纸牌屋搭建，评价标准是又高又结实。在讨论分享环节，引导学生将在活动中的启发和感悟迁移到现实劳动中，提升其劳动意识。

📖 活动准备

1. 物资准备：扑克牌（每组两副）。

2. 场地准备：宽敞的室内或室外。

📖 活动过程

（一）活动导入——扑克分组

1. 活动规则

（1）给每人发一张扑克牌（没有大小王），请记住自己的扑克牌，但不能让别人看见。

（2）请所有人依据自己扑克牌的花色确定自己属于哪一组。例如红桃为一组，黑桃为二组，方块为三组，梅花为四组。

（3）请所有人在最短的时间内集中在各自的小组，并选出组长。

2. 注意事项

可以根据人数和自己分组的需求灵活规定"花色"或"数字"分组。

请大家按照花色分小组组合，接下来我们要完成一项挑战任务。

（二）主题活动体验——纸牌屋

指导语：在我们的身边有一种职业，他们设计的高楼大厦，既能遮风挡雨，又能使我们的城市更加丰富多彩，他们就是——建筑设计师。今天我们就一起来体验一下建筑设计师的生活。看看要想完成一座摩天大楼的建造，需要具备些什么特殊的技能。

1. 活动规则

（1）每个小组派组长领取两副扑克牌，各小组在规定的时间内，通过折、叠等方法，独立完成纸牌屋的建造。

（2）建造过程中不得使用其他任何辅助材料，例如胶水、透明胶带等，只能使用纸牌本身。

（3）建造时间20分钟。

2. 评比规则

（1）测量纸牌屋的高度，越高成绩越好。

（2）如果纸牌屋在老师测量前解体崩塌，则成绩为最终所剩高度。

（3）如两组的高度一样，则检测纸牌屋的牢固程度，越牢固成绩越好。

3. 讨论分享

（1）在搭建的过程中你的感受是什么？有何想法？

（2）你认为你们小组在搭建的过程中存在什么问题？可以如何改进？

（3）你们小组有明确的分工吗？彼此之间是如何协作配合的？

（4）请结合你的现实生活，谈一谈这个活动给你的启发。

4. 教师小结

劳动是我们生活中必不可少的事情，我们在劳动中避免不了与人合作，而想要高效率、高质量完成任务，就必须懂得反思、沟通和协调。在实践中不断地去探索提升效率的方法，运用创新的工具和思想去实践。

（三）活动变化

1. 主题活动的变化

如果没有那么多扑克牌，也可以使用废旧报纸来搭建高塔。

2. 其他替代性活动——家务能手

活动规则：每人选择一项自己认为很拿手的家务劳动，例如"洗碗""拖地""整理衣服"等，然后依据自己选择的家务内容，写一份详细的操作流程，在课堂上，老师依据家务内容分小组，让小组讨论"通过哪些改进方法可以让此项家务更高效、高质量完成"并形成新的操作流程。学生回去实践验证，下节课分享感受。

简约点评 ◇◇◇

家长通过参与主题体验活动，与孩子共同完成任务挑战，不仅让家长了解孩子的劳动能力和想象力，也能促进亲子沟通。

问题解决

穿越沼泽

设计背景

高中阶段是学生走向社会的奠基时期，也是为了适应社会生存储备能量的时期。高中生不仅需要具备独立思考、分析、解决问题的能力，而且在全球化、多元化的今天，合作能力也必不可少。如何在团队中彼此协调、合作，从而高效率地解决问题？如何在复杂环境下有效寻找并整合利用资源，从而创造性地解决问题？这些都是新时期高中生为适应社会必备的生存能力。核心素养中提到："学生应该具备善于发现和提出问题，依据特定环境和具体条件，选择制订合理的解决方案，具有在复杂环境中行动的能力。"因此本节活动课旨在提升学生有效运用资源，通过合作并创造性解决问题的能力。

活动目标

1. 使学生意识到个人在解决问题时的局限性，激发团队合作意识。

2. 引导学生善于利用资源解决问题。

3. 学会协调、沟通，合理表达意见。

4. 通过体验活动，让学生善于发现和提出问题，并能依据特定情境和具体条件选择制订合理的解决方案，提升行动力。

5. 家长在参与情景体验主题活动中，感受问题解决中团队合作沟通的重要性，同时观察孩子的问题解决能力。

设计思路

本节活动课旨在引导学生善于利用资源解决问题，并在问题解决过程中提高沟通、协调能力。以热身活动"飞舞的气球"营造充满乐趣的课堂氛围。在愉悦的气氛下，设置主题活动的情境——"穿越沼泽"，让学生模拟真实情境面对问题，并分小组利用资源解决问题。在讨论与分享环节引导学生从问题解决中获得启发。

📖 活动准备

1. 物资准备：气球若干；交通设备零件包（每个包含：两块0.15米宽、2米长的木板；10条长约2米的粗麻绳；干扰物，如滑轮、螺栓等若干）；用于标记"沼泽"边界的胶带纸。

2. 场地准备：室外地势平坦的宽阔地方。

📖 活动过程

（一）活动导入——飞舞的气球

活动规则：全班分成4个小组，每个小组站成一个圆圈，吹起一些气球，老师把气球扔进圈里，要求不能让气球落地，并试着将气球沿着圆圈传递，整个过程中任何人不能用手接触。

（二）主题活动体验——穿越沼泽

指导语：在愉快的气球飞舞之后，我们需要完成一项行动，每个小组现在即将到达的是"沼泽区"，而这片"沼泽区"不能步行通过，大家需要利用这些应急交通设备组装成一个交通工具，从而使全体队员的脚不接触地面而又能穿越"沼泽区"。每组可以领到一套交通设备零件包，小组任务就是要在最短的时间内组装一个可行的交通工具，并按规则顺利通过"沼泽区"。

1. 活动规则

（1）设备有成本，因而工具越简单越好，通过"沼泽区"的时间相同情况下，设备简单的小组获胜。

（2）整个过程中所有人不能把脚绑在木板上。（避免绊倒扭伤脚踝）

（3）一旦开始穿越，不允许队员用手抬木板。

（4）不允许用木板搭桥或铺路。

（5）领完交通设备零件包后开始计时，在穿越过程中假如有人落地，将可能引起"受伤"，从而给任务增加难度，例如"致盲"（给他戴上眼罩）、"变哑"（禁止发声）或是木板倒退等。

（6）"沼泽区"的大小依据人数而定。

2. 讨论分享

（1）在开始行动之前，你们有盘点自己的器材吗？有何发现？

（2）在组装工具的过程中，你有什么想法？你的建议被采纳了吗？

（3）对组装好的交通工具是否进行过测试，在正式出发前练习了吗？

（4）在组装和前进的过程中你认为你们小组的成员发挥了怎样的作用？

（5）这次活动给你什么启发？

3. 教师小结

（1）有效利用资源：大家在领到交通设备零件包之后是马上动手操作还是先研究一下这些设备零件的可用性？在解决问题时，我们会面临很多的资源，哪些可用，哪些用起来更合理更有效率，这是需要我们去思考、分析的，而不仅仅是为了解决问题而全部拿来。

（2）解决问题过程中如何应对不同意见：在组装过程中团队成员是否有提出不同的解决方案，你们是如何沟通、协商最终确定的？同一个小组，每个人对问题的解决会有自己的看法，我们不可独裁专制，不听取他人的意见，一意孤行。需要给他人表达的机会，可以尝试用不同的方案去解决问题。

（3）团队解决问题过程中你的角色：在整个过程中你是否清楚自己团队的任务是什么？在前进的过程中你是否明白下一步该怎么走？如果你不明白，那么是否有责任去提问呢？

（4）在小组解决问题的过程中，大家集思广益很有必要，但领导者的统筹安排也很重要；在行动之前做必要的分析和计划，有效地利用资源可促进问题快速解决；依据特殊的情况做必要的调整，有利于问题的顺利解决。

（三）活动变化

1. 主题活动的变化

为了降低解决问题的难度，可以在每块木板上等距离的钻12个洞。用绳子穿过洞，然后打结。

2. 其他替代性活动——"摩天建筑"

（1）活动道具：扑克牌、吸管、回形针。

（2）6个人为一组，领取材料：一副扑克牌、100根吸管（其中20根带弯头的）、20只回形针。

（3）要求在10分钟内利用现有材料搭建有高度的作品，并且命名。

（4）各组派一个学生讲解搭建原理，根据最后的高度及综合结果（外形的美观、结构的稳固、用材的科学、创意的新奇等），评选出如"最高""最美观""最稳固""最省材""最新奇"等最佳作品。

（5）注意事项：三种材料均要用上，不可以只使用其中部分材料；比最高是指直立高度，不可以倚靠墙面、钉在地面、人手扶立等；各组派出一个学生组成"评委组"，分别到各组征求意见并评定出最佳作品。

分享要点：最快完成任务的有利因素有哪些？是什么因素导致有些小组进程比较慢？本次活动给你的感悟是什么？

简约点评 ◇◇◇

在体验式活动的参与中，家长和孩子为了完成挑战，通过资源分析、问题讨论、尝试解决等环节共同体验问题解决的快乐，同时也提升了孩子创造性解决问题的能力。

狭 路 相 逢

设计背景

　　人是群体性生物，在现代社会中完成一项任务往往需要与他人合作。在问题解决的过程中无可避免地会与人沟通、合作与竞争，尤其是在注重团队合作的今天，一个人解决问题的能力不仅仅是看能否完成任务，还包括在完成过程中如何与人沟通、如何表达意见、如何发挥领导力与协助他人的能力。在现实生活中，中学生对如何处理竞争与合作的关系仍然存在困惑。有些同学认为竞争与合作不能共存，有时在合作中出现"面和心不和"，表面上看起来在合作，但心里却各有各的想法，不能做到同心协力、合作共赢。在核心素养培养中，问题解决的重点是善于发现和提出问题，有解决问题的兴趣和热情，能依据特定情境和具体条件，选择制订合理的解决方案，具有在复杂环境中行动的能力等。本节活动课旨在通过团队合作与竞争的活动，让学生体验提出问题在问题解决中的重要性，利用认知模型构建与直觉方法在问题解决中的对比，进一步帮助学生提高领导和协调能力。

活动目标

　　1. 使学生学会在团队中与他人合作解决问题。

　　2. 培养学生整合信息、拟订策略、有效解决问题的能力。

　　3. 通过体验活动，让学生善于发现和提出问题，并能依据特定情境和具体条件制订问题解决方案，提升学生合作力、行动力。

　　4. 让家长更深入了解孩子解决问题的能力，观察孩子在合作过程中存在的亮点，促进亲子有效沟通。

设计思路

　　本节活动课旨在引导学生学会在问题解决过程中如何与他人合作与沟通，并依据现实状况提出解决策略，提升学生行动力。热身活动"脑洞大开"，让学生对一支铅笔的作用进行头脑风暴，打开学生思路，有利于体验主题活动。主题活动"狭路相逢"，让学生在合作、竞争、探究、尝试中解决问题，并学会应对问题解决中的冲突与困境。

活动准备

1. 物资准备：一支铅笔，粉笔或胶带纸（用于画方格）。
2. 场地准备：室内、室外空旷平坦的场地。

活动过程

（一）活动导入——脑洞大开

教师拿出一支铅笔，问参与者："大家觉得一支铅笔能有什么用处呢？"分小组头脑风暴，记录并派代表分享。点子越多越好，不需要评判可行性，只需要打开思路尽情联想。

（二）主题活动体验——狭路相逢

指导语：刚才大家通过头脑风暴，联想了很多很多铅笔的用途，这是我们集体智慧的结晶。我们不断地去探索和提出问题，能促使我们更好地去解决问题。今天我们就需要用不断探索和提问的精神来解决接下来的问题。

1. 活动规则（以每组10人为例）：

（1）教师用粉笔或胶带纸在地上画若干个正方形格子，方格大小以能站一人为宜。方格数比每组的人数多一个。（如图12-1）

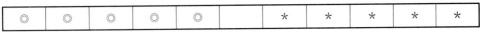

图12-1　画方格

（2）每个小组分成两边，分别面对中间的空格站立，其中一半成员站在左边的五个格子中，另外一半成员站在右边的五个方格中。

（3）小组的任务是在最短的时间内，空格左边的所有成员交换到右边，反之亦然，整个过程直至结束时，每个人站立的方向保持不变，才算任务完成。

注意事项：

①每次只可一人移动，只能前进一步，也可绕过对面的人跳一步，但不允许后退绕过某个人。

②每个方格只可容纳一人。

③各组讨论并进行演练10分钟。

④按要求最先顺利完成的小组获胜。

2. 讨论分享

（1）活动中，你们小组是如何形成最终方案的？

（2）你们是如何实施这些想法的？

（3）小组成员存在不同意见时，你们是如何解决的？采取了怎样的方式？

（4）在活动中，当你的意见不被采纳时，你的感受如何？

（5）以后遇到类似的难题，你觉得最快最好的处理方式是什么？

3. 教师小结

在刚才的活动中，有的小组通过探究、尝试、合作的方式在一次又一次的模拟中终于找到了解决问题的办法。要想顺利地解决生活中遇到的难题需要我们多做一些假设、尝试和探究。当然在这个过程中，小组内部难免会有很多的意见分歧，当我们作为一个集体在完成一项任务时，团队的领导很重要，他会整合、协调不同的信息，并在此基础上作出合理的决策。团队中的每一个成员也很重要，因为我们不仅贡献了智慧，也懂得妥协与配合，才能让问题顺利解决。

（三）活动变化

1. 主题活动的变化

活动中可以使用方形的塑胶板或纸板替代画方格。为了增强活动的故事性，可以在活动前设置一个"狭路相逢"的背景故事。

2. 其他替代性活动——救生筏

（1）活动道具：1米×1米的塑料布（每小组各一张）。

（2）全班分成若干组，每组10～12人。

（3）活动背景

假设现在小组一起出海游玩，很不幸的是，船即将要翻，海里有很多鲨鱼，此时有一个救生筏可以帮助大家，必须每个人都爬上救生筏才可能被直升机营救。而直升机营救他们的必要条件是，不接触海水（除塑料纸外的地面）10秒钟以上。

（4）假如第一次很容易成功，则可以依据现场情况增加难度：直升机返回维修，然后将塑料布几个角折叠起，激励学生再次挑战。

（5）注意事项

为保证安全，学生之间不允许骑在肩上或背上。活动前做好伸展运动，过程中可能会因为不平衡而摔倒，老师要做好监控保护工作。

分享要点：是否有不同的意见存在？团队最终的方案是如何形成的？当出现不同意见的时候大家如何处理？

简约点评

体验式活动创设了富有挑战的情境，能够让参与者充分探讨问题解决的方法。体验合作、探究的过程，并提升复杂情境下解决问题的核心素养。

技术运用

看我七十二变

📖 设计背景

地球资源的有限性和人类需求的日益增长给现代人的生活带来了极大的挑战。生活中有很多的废旧物品，经过我们的创造性设计和改进优化，也许它们能变废为宝，继续为我们的生活服务。核心素养中提出要培养学生"能将创意和方案转化为有形物品或对已有物品进行改进与优化"的能力。因而在本节活动课中创设废旧物品再改造的机会，让学生从创意、设计、制作到展示，充分发挥学生实践创新能力。

📖 活动目标

1. 提高学生变废为宝、节约能源的意识。

2. 体验在创意、设计中将技术运用到实践带来的成就感。

3. 能通过团队合作共同解决问题。

4. 通过创意、设计、制作的过程，促进学生灵活运用技术，对已有物品进行改进和优化，提高技术运用能力，促进实践创新素养的形成。

5. 让家长感受孩子的创意和技术运用，多角度发现孩子的优势。通过制作过程的合作提升亲子默契度。

📖 设计思路

本节活动课首先通过图片展示生活中人们对于废旧物品改造的实例，引出"变废为宝"理念，启发学生思考如何操作才能做到"变废为宝"。通过主题活动"看我七十二变"，分小组选取不同的物品，对废旧物品进行创意设计和执行改造，提高学生的技术运用和动手操作能力。在讨论分享环节，引导学生将活动中的感悟迁移运用到现实生活中。

📖 活动准备

1. 物资准备：每组一个工具包（剪刀1把、透明胶1卷、双面胶1卷、针线盒1套、彩笔1盒）；废旧物品（纸杯、报纸、碟片、鸡蛋盒、饮料瓶、衣架、塑料袋、纽扣电池、碎布条、一次性筷子等）若干。

2. 场地准备：室内。

📖 活动过程

（一）活动导入——图片展示

1. 观看环保创意广告短视频。

2. 教师提前网络搜索废旧物品改造的图片，制作成PPT并展示。

教师小结：我们怎样才能物尽其用呢？在我们的生活中有很多的废旧物品，我们稍加创意和设计，也许能变废为宝，不仅可以二次利用，而且能为我们的生活增添一分美丽。今天我们就一起来体验一下吧。

（二）主题活动体验——看我七十二变

1. 活动规则

（1）教师在全班呈现提前收集的废旧物品，如纸杯、报纸、碟片、鸡蛋盒、饮料瓶、衣架、塑料袋、纽扣电池、碎布条、一次性筷子等。（可以提前让学生带一些自己找到的废旧物品）

（2）全班分为5～7人小组，每组可以选取不同的材料进行改进设计。

（3）每组领取一个工具包，并派代表上台选取自己小组需要的废旧物品。

（4）各组限时15分钟，完成改造物品的设计、制作。

（5）分小组进行展示，每组派解说员说明该作品的设计理念、设计方案、用途等。

（6）全班进行投票选择自己认为最具创意的设计作品。

2. 讨论分享

（1）你们组在设计的过程中遇到了什么问题？是如何解决的？

（2）在设计中运用了生活中的哪些技术和方法？

（3）你认为哪组的设计是你最喜欢的？为什么？

（4）这次活动给你什么启发？

3. 教师小结

生活处处是惊喜，原本以为会丢掉的废旧物品，在大家的大胆设计、精心制作下竟然变得如此不一样。当我们运用自己所学的技术、大胆的创意设计并能付诸行动时，生活就会变得很不一样。实践创新的精神会让我们的生活更加丰富多彩。

（三）活动变化

1. 主题活动的变化

废旧物品改造可以限定某一种物品，例如纸杯等。

2. 其他替代性活动

环保时装秀

（1）活动准备

各小组提前准备好一些废旧报纸、光碟、塑料袋、包装袋、碎布条、饮料瓶等。

（2）活动规则

①小组内进行分工，一人做模特，其他人做设计师。设计师利用带来的物品为模特设计一套时尚大方的衣服。

②舞台展示，每个模特轮流上台展示风采及服装特色。

③小组拍照留念。

④评选最佳设计和最佳模特。（小组互评）

（3）讨论分享

你有过废物再利用的经历吗？具体是什么？在本次活动中，你感受最深的是什么？经过这次活动，你打算在日后生活中做出一些怎样的改变？

简约点评

亲子共同利用废旧物品进行改造，在制作中不仅加强了亲子沟通，还令孩子的大胆创意有更多的机会展示给家长，让家长看到孩子更多的闪光点。在技术运用中，家长也能根据自己的生活经历给孩子一些更好的建议。

特 殊 任 务

设计背景

杜威认为最好的教育就是"从生活中学习""从经验中学习",倡导"在做中学",在实践与运用中学习、反思。素质教育的一个重要目标就是培养学生的实践能力。但在现实教学过程中,学生对于学到的知识如何运用到现实生活中还是存在不少困惑的,运用的困难也在一定程度上影响学生学习的兴趣。本节活动课旨在让学生通过一个活动挑战,体验运用知识、技术的乐趣,从而提升实践创新能力,提高问题解决兴趣。

活动目标

1. 意识到知识运用的重要性。

2. 体验把知识、技术运用到实践中带来的成就感。

3. 能通过团队合作共同解决问题。

4. 学生通过活动体验解决问题时选择合适方法的重要性,感受探究的乐趣,体会小组合作的智慧,从而提升学生的技术运用能力,促进学生实践创新能力的发展。

5. 让家长感受孩子运用技术解决问题的能力,提升对孩子的赏识度。在问题解决过程中增加亲子互动交流的话题,促进有效沟通和共同成长。

设计思路

通过情境设置故事进入游戏背景,营造活动氛围。通过主题活动"运送核废料"的挑战,训练学生团队合作解决问题的能力,启发学生运用学科技术知识进行尝试,培养动手实践能力和创新思维,让他们站在科学的角度去发现问题、提出问题、研究问题和解决问题。

活动准备

1. 物资准备:每组准备4个眼罩、1个装水的塑料器皿、4条橡皮筋、10条棉绳、1个纸杯。

2. 场地、人员准备：宽敞的室内或室外。

📖 活动过程

（一）活动导入——情境设置

在某城市的郊外，有一个曾经进行核试验的地方，那里现在已经荒废，但却遗留着一些核废料。这些物质具有放射性，对我们身体有着极大的危害。现急需移除这些核废料。地球环保组织面向大众招募核心成员，组建"××战队"完成一项特殊任务——运送核废料，在转移的过程中不得泄漏，否则全城的百姓生命都会受到威胁。

我们现在需要组建12人的团队，进行挑战。

（二）主题活动体验——运送核废料

指导语：我们学习知识的目的之一是运用到生活中更好地为生活服务，很多时候我们会困惑学到的知识是否有用，甚至不知道如何使用。今天，作为×战队的成员，我们就尝试运用以往所学的知识一起来完成这项艰巨而重要的任务。

1. 活动规则

（1）全班分为10～14人小组。每个小组派人领取工具：10条棉绳，4条橡皮筋和4个眼罩。

（2）在面积大约4平方米的范围内放有一个装满水的纸杯（代表"核废料"）。

（3）每个组到达提前布置的指定位置，整个团队在不利用其他工具的情况下将"核废料"运送到老师指定的地点，最先完成的获胜。

（4）各小组商量如何完成任务，每组只能4名成员戴上眼罩进行操作。

（5）在运送过程中，负责操作的成员双手不可以接触到"核废料"，过程中任何人不得进入4平方米的范围内。

（6）其他成员可以在场外提示，但不可与操作者发生身体接触。

2. 讨论分享

（1）你的小组是如何找到一个可行的方法的？

（2）操作过程中，大家有不同的观点和意见时该如何表达？当你的意见被否定时，你的感受如何？

（3）戴着眼罩操作有何感受？在任务完成中你们运用了哪些技术？

（4）这次活动给你什么启发？

3. 教师小结

在活动中，我们集思广益，一起探讨可行的方法；在操作过程中，不断发现问题，调整方案，最终解决问题，并总结出了恰当的方法，成功地移除"核废料"。我们在解决问题的过程中会遇到很多不同的意见和难以预测的挑战。问题解决的核心是技术的正确使用，选择正确的技术，加上成员之间的配合支持，再难的问题都可以迎刃而解。

希望你们在以后的实践探究中能像今天这样积极动脑、敢于想象、大胆实践、寻求奥秘，成为能解决问题的人！

（三）活动变化

1. 主题活动的变化

限定操作者的手离装"核废料"杯子的距离不得少于50厘米，或提前不告知回收点的位置来增加难度。

2. 其他替代性活动——建塔

场地：空旷地方。

器材：报纸若干、透明胶、剪刀。

过程：由各小组分别建一座与众不同的"高塔"，只限使用给定的材料，建议先选出设计师，并分工。

评比的标准：高、稳。

分享要点：在建塔的过程中你参与了哪部分工作？你们建塔的创意是来源于什么学科的知识？你学过的知识如何运用到活动中？你在活动中的收获？

简约点评

富有挑战的任务在完成的过程中需要参与者集思广益、敢于运用已掌握的技术知识，大胆挑战。家长在此过程中能有更多的角度观察和了解孩子，加强对孩子技术运用这一核心素养的培养。

后　记

　　《成长配方——小体验大素养主题活动》（高中版）一书是高校课程教学与研究专业的教授和中学一线教学与实践研究的指导者和教师紧密合作的结果，目的是努力实现专业理论与教学实践的真正结合，从根本上保障活动课程设计的科学性、专业性和规范性。

　　全书由李季设计、策划，并提出整体内容框架以及统稿、统审、修订。吕广健负责编写组织和部分统稿。

　　本书"积极共育导论"，以及上编"共育原理导图"第一、第三、第四、第五章由李季撰写；第二、第六章由李季和吕广健合作撰写。

　　下编"素养生成指导"内容由吕广健、肖健美编写。

　　感谢广东教育出版社张翠君为本书出版所做的贡献。

　　感谢为"走心德育"开设专栏的《中小学德育》《中小学班主任》《江苏教育·班主任》及走心德育研究和实践的参与者和支持者，特别是全国各地名班主任工作室主持人和成员等。

　　感谢广东省家庭教育研究会和家校共育讲师团及各实验基地与实验学校对本书"活动"课程的试验和实践应用。

本书编者

2021年4月23日